A Ethel, Michele y Jimmy

Traducción: **Carlos Villegas García**
Revisión técnica: **Guillermo Hinojosa**
Jefe de la Maestría en Modificación
de Conducta, ENEP Iztacala,
Universidad Nacional Autónoma
de México

PAUL MUSSEN

Desarrollo psicológico del niño

EDITORIAL TRILLAS

México, Argentina, España,
Colombia, Puerto Rico, Venezuela

Catalogación en la fuente

Mussen, Paul Henry
    Desarrollo psicológico del niño -- México :
Trillas: 1983 (reimp. 1995).
    154 p. ; 23 cm.
    Traducción de: The psychological
development of the child
    Incluye índices
    ISBN 968-24-1321-4

    1. Niño, Estudio del. I. t.

LC - BF721'M8.3   D-155.4'M88d   1227

Título de esta obra en inglés
THE PSYCHOLOGICAL DEVELOPMENT
OF THE CHILD
Versión autorizada en español de la tercera edición
publicada en inglés por
© Pretice-Hall, incorporated Eglewood
Cliffs, Nueva Jersey 07632
ISBN 0-13-732412-X

Derechos reservados en lengua española
© 1983, Editorial Trillas, S. A. de C. V.,
Av. Río Churubusco 385, Col. Pedro María Anaya,
C. P. 03340, México, D. F.

División Comercial, Calz. de la Viga 1132, C.P. 09439
México, D. F. Tel. 6330995, FAX 6330870

Miembro de la Cámara Nacional de la
Industria Editorial. Reg. núm. 158

Primera edición en español, 1983 (ISBN 968-24-1321-4)
  Reimpresiones, 1984, 1986, 1990, y 1992

Quinta reimpresión, febrero 1995

Impreso en México
Printed in Mexico

Prefacio

La tercera edición del presente libro, que apareció seis años después de la segunda, se concentra en las principales tendencias teóricas y de investigación en la psicología del desarrollo contemporáneo. En años recientes, los campos más activos y prominentes de la investigación en psicología infantil han sido la infancia y el desarrollo cognoscitivo. Un resultado de ello es un incremento notorio en nuestra comprensión de las capacidades cognoscitivas del niño, de la naturaleza de las primeras reacciones sociales y emocionales, y de los factores que influyen en ellas. La fecunda actividad de Piaget como autor de libros y sus observaciones continúan siendo el origen de muchos estudios; pero el alcance de la investigación en el área del desarrollo cognoscitivo se ha ampliado para incluir enfoques no piagetianos de la percepción, la memoria, la formación de conceptos, la resolución de problemas y el conocimiento social. El problema de los efectos del adiestramiento especial —incluyendo la educación compensatoria— en el incremento de las capacidades cognoscitivas de los niños pobres ha sido un tema de considerable interés en la investigación. Además, el número y la diversidad de investigaciones sobre el desarrollo del lenguaje se han multiplicado a medida que la atención se ha desplazado de la adquisición de la competencia gramatical al desarrollo del significado, los precursores del lenguaje y las interrelaciones entre el desarrollo cognoscitivo y el lingüístico.

Aunque en la actualidad existe una actividad relativamente menor en la investigación sobre la socialización y sobre la personalidad y el desarrollo social que hace veinte años, se han publicado varios estudios sobresalientes y refinados en estos campos del conocimiento en los últimos años. Se ocupan de temas tales como el aprendizaje de los papeles sexuales, los determinantes familiares de la agresión de los niños y de las orientaciones hacia la actividad social, las interacciones entre compañeros y su influencia en el comportamiento de los niños, así como el efecto de los medios de comunicación —en especial de la televisión— sobre el desarrollo.

Los resultados de investigaciones recientes sobre estos temas se resumen y discuten en el presente volumen, al igual que muchos de los hechos establecidos y las principales teorías de la psicología del desarrollo contemporánea. Aunque un libro de estas dimensiones puede proporcionar solamente una *muestra* de estos procedimientos, los que utilizan los investigadores en este campo se destacan por todas partes: sus enfoques generales a las investigaciones, la formulación de preguntas e hipótesis y el diseño y los métodos utilizados en los estudios empíricos. Además, cada vez que resulta pertinente, se presentan explícitamente las aplicaciones prácticas de los hallazgos de investigación —para la política pública, para el mejoramiento del ajuste personal y social, para aminorar los problemas sociales y para reducir las tensiones que existen entre la gente.

El libro habrá cumplido sus propósitos si estimula a los estudiantes a pensar en una forma más sistemática con respecto a los problemas del desarrollo humano y aumenta su comprensión de las contribuciones establecidas y las potenciales de este campo de estudio para promover el bienestar humano.

Índice
de contenido

Cap. 6. Desarrollo del comportamiento social   127

Índice alfabético   149

1

Introducción

La sala de recién nacidos del hospital comunitario de la ciudad de la costa oeste en la cual vivo aloja aproximadamente a 20 niños. Es un maravilloso lugar de visita. Hay ahí niños de diferentes antecedentes raciales, culturales y socioeconómicos: hijos de blancos, de negros, de asiáticos, de filipinos, de estadounidenses nativos; hijos de padres ricos, de proletarios y de clase media. Cuando se les observa dentro de sus cunas, podemos impresionarnos por las similitudes que existen entre ellos: todos son pequeñitos y arrugados, sus piernas parecen ser muy cortas en proporción a las dimensiones de sus cuerpos y sus cabezas son relativamente grandes. Parecen indefensos, vulnerables y desamparados; sin embargo, todos ellos reaccionan ante muchos estímulos y tienen muchas capacidades.

Pueden ver, esuchar y oler, son sensibles al dolor, al tacto y al cambio de posición. También son capaces de realizar muchas actividades y poseen diversas respuestas no aprendidas (reflejos). Lloran, se retuercen, tosen, voltean la cabeza, levantan la barbilla, asen objetos colocados en las palmas de las manos. Pueden seguir con los ojos una luz que se mueve; sus pupilas se dilatan en la oscuridad y se contraen ante la luz. Un dedo o un pezón introducido en su boca les suscita fuertes respuestas de succión.

Con la misma facilidad se puede concentrar la atención en las muchas diferencias que existen entre estos niños recién nacidos. Muchos son tranquilos y parecen contentos; otros se muestran inquietos y lloran la mayor parte del tiempo. Algunos parecen estar tensos, otros relajados. Algunos reaccionan con mucha rapidez ante la estimulación, otros lo hacen más lentamente.

Sería fascinante seguir el desarrollo de estos niños, si pudiéramos. Crecen a un ritmo sorprendente en los primeros años. Al final del primer año su estatura aumenta casi un 50%, desde un promedio de 20 pulgadas al nacer hasta 28 o 29 pulgadas a los doce meses, y el peso aproximadamente se triplica desde un promedio de 7½ libras al nacer hasta casi 20 libras al año. Para entonces, muchos pronuncian sus primeras palabras e intentan caminar sin ayuda. Al llegar a los dos años de edad, la mayor parte de los niños camina con seguridad y corre con torpeza, y comienza a construir oraciones muy cortas, generalmente de dos o tres palabras. A la edad de 4 años, su lenguaje se parece al de los adultos de muchas maneras. La imaginación de un niño de 4 años probablemente será fértil, y los procesos del pensamiento son mucho más complejos de lo que lo fueron dos años antes. Y las diferencias individuales entre los niños en edades posteriores son más obvias y espectaculares de lo que fueron durante el nacimiento. Algunos niños caminan a los 10 meses de edad, otros a los 18 meses; algunos dicen su primera palabra a los 8 o 9 meses, otros no lo hacen sino hasta que cumplen más de dos años de edad. En cualquier grupo de niños que comienzan a caminar, siempre hay algunos que se mueven constantemente, y exploran, saltan, prueban cosas, en tanto que otros juegan tranquilamente o se sientan a escuchar música. Muchos juegan activamente, riendo y retozando la mayor parte del tiempo; otros muestran una expresión seria y lloran con facilidad. Las normas de desarrollo son equívocas porque sólo especifican *promedios* y no nos dicen nada acerca del gran rango de variabilidad que existe entre los niños normales.

LAS METAS DE LA PSICOLOGÍA INFANTIL

Al leer el pasaje anterior, el lector concentró su atención en los dos problemas centrales del campo de la psicología del desarrollo: primero, las tendencias generales del crecimiento y desarrollo de las funciones psicológicas y, segundo, las diferencias individuales entre los niños. Las metas u objetivos fundamentales del campo, presentados en términos muy concisos, son: a) *describir* en forma precisa y objetiva los cambios que ocurren al transcurrir la edad en las capacidades sensoriales y motoras, en la percepción y en las funciones intelectuales, así como en las respuestas sociales y emocionales, y b) *explicar* estos cambios y las diferencias individuales con respecto a capacidad y funcionamiento. El psicólogo del desarrollo busca descubrir *cómo* y *por qué* ocurren estos cambios, determinar los procesos o mecanismos subyacentes del crecimiento y el desarrollo. Por ejemplo: a medida que un niño crece, la memoria mejora, el vocabulario se amplía y el pensamiento y la capacidad de resolver problemas devienen más lógicos. Los datos relativos a tendencias en una edad y los cambios que se presentan con ella nos permiten plantear algunas generalizaciones acerca de la secuencia y la tasa de desarrollo de estas funciones psicológicas.

Dentro de cualquier grupo de niños, digamos de 7 años de edad, existen algunos que son avanzados desde el punto de vista intelectual, los cuales poseen vocabularios vastos y excelentes capacidades para resolver problemas, niños que son promedio en estos respectos, e inclusive otros que son retardados con respecto a su propio grupo de edad. ¿Cuáles son las fuentes de las diferencias individuales? ¿En qué medida pueden atribuirse a la "naturaleza" —esto es, a factores genéticos y constitucionales biológicamente regulados— y en qué medida son el producto de la "crianza": factores ambientales, experiencia, adiestramiento y aprendizaje? Estas preguntas acerca de los orígenes de las diferencias individuales entre los niños también constituyen preguntas básicas que plantea el psicólogo infantil.

Las explicaciones de los cambios que ocurren con la edad y las diferencias individuales —de los cómo y los porqués del desarrollo— son enormemente complejas y se apoyan en hallazgos procedentes de distintas disciplinas y varios campos de la psicología: el aprendizaje, la percepción, la motivación, la psicología social, la personalidad, la genética, la fisiología, la antropología, la sociología y la pediatría. Por ejemplo, determinadas características físicas (como la altura y la tasa de crecimiento), la inteligencia y algunas formas de deficiencia y enfermedad mental son, al menos en parte, hereditariamente determinadas. Para comprenderlas plenamente, el psicólogo del desarrollo debe poseer conocimientos acerca de la genética. Los notorios cambios físicos y del comportamiento que se presentan en la adolescencia están fuertemente influidos por procesos fisiológicos que involucran a las glándulas endocrinas y a la bioquímica del sistema circulatorio; al investigar estos fenómenos, el psicólogo debe apoyarse en hallazgos de la fisiología y la endocrinología. La investigación pediátrica ha producido información pertinente sobre los efectos de las enfermedades, la mala nutrición y los medicamentos en el crecimiento y los cambios físicos y psicológicos. La psiquiatría ha aportado muchos hechos y teorías acerca de cuán tempranamente los acontecimientos que tienen lugar en la niñez afectan al comportamiento y al ajuste (o a la falta de él) de niños mayores, adolescentes y adultos. Muchos motivos, sentimientos, actitudes e intereses de una persona están condicionados fuertemente por los grupos sociales a los cuales pertenece la persona, esto es, por su clase social o por su afiliación a un grupo religioso o étnico; la antropología y la sociología han aportado datos extremadamente valiosos acerca de los efectos de estos elementos de la estructura social en la personalidad, las características sociales y el desarrollo. Es claro que una comprensión amplia de la psicología del desarrollo, de los cambios de edad y de los mecanismos o procesos que los sustentan supone la integración de muchas clases de datos extraídos de diversas disciplinas.

Las explicaciones de los cambios de edad en las funciones psicológicas se complican aún más por el hecho de que diversos aspectos del desarrollo están interrelacionados de manera íntima e intrincada; los desarrollos que tienen lugar en una función probablemente afectarán a los que tienen lugar en otra. Por ejemplo, mientras los niños crecen y maduran desde el punto de vista físico (en gran medida como resultado de factores genéticos), su inteligencia aumenta y mejoran sus capacidades de razonar y de pensar lógicamente. Al mismo tiempo, las personalidades y los comportamientos sociales de los niños se modifican en parte como resultado de estos acontecimientos físicos y cognoscitivos y en parte como resultado de sus propias experiencias sociales. A su vez, los cambios de personalidad y del comportamiento social producen una retroalimentación sobre la inteligencia y las capacidades cognoscitivas, afectándolas. En resumen, algunos aspectos del desarrollo interactúan y se influyen mutuamente.

Con fines de discusión, a menudo resulta necesario aislar aspectos específicos del desarrollo, tales como el crecimiento físico, el desarrollo intelectual o el comportamiento social, y concentrarse en ellos por separado. Esto proporciona un cuadro un tanto inexacto del proceso de desarrollo; por lo tanto, el lector debe tener presente constantemente la interrelación de *todos* los aspectos del desarrollo.

No obstante las complejidades y los intrincamientos que entran en juego en la comprensión y explicación del crecimiento y el cambio psicológicos, el proceso en el campo de la psicología infantil ha sido rápido y a menudo excitante, en particular en los últimos treinta años. Hemos aprendido muchísimo acerca del crecimiento físico de los niños, de sus capacidades sensoriales y de sus destrezas perceptivas y cognoscitivas (incluyendo la inteligencia), así como acerca de los cambios con la edad en estas funciones. Piaget, el brillante psicólogo suizo, nos ha proporcionado soberbias exposiciones de las etapas de desarrollo del funcionamiento cognoscitivo, comenzando con las actividades reflejas del recién nacido y avanzando hacia la capacidad del adolescente maduro para resolver problemas lógicos y para razonar. Pero los procesos que explican la transición de una etapa a la siguiente no han sido comprendidos plenamente, y todavía quedan por contestar muchas preguntas acerca del desarrollo cognoscitivo. Por ejemplo, ¿un medio ambiente estimulante en los primeros años fomenta el desarrollo de niveles superiores de capacidades cognoscitivas posteriormente? ¿Puede el desarrollo cognoscitivo ser acelerado o mejorado por el adiestramiento, y si es así, en qué condiciones?

Los orígenes y el desarrollo de las características de la personalidad y las reacciones sociales como la agresión, la dependencia, la ansiedad, la competencia y la cooperación han sido los focos de atención de un gran volumen de investigación. En consecuencia, comprendemos algunos de los principales determinantes del comportamiento agresivo y conocemos algo acerca de cómo tal comportamiento puede ser controlado o reducido (véase el capítulo 5). Sin embargo, tenemos muy poca información acerca de muchos otros aspectos importantes del desarrollo social. Por ejemplo, la investigación sistemática sobre el comportamiento social "positivo" —la competencia, la independencia, el altruismo y la simpatía— está precisamente en sus fases iniciales.

Esto nos lleva a otro punto importante acerca de las metas de la psicología infantil. Aunque la *descripción* y la *explicación* del desarrollo se reconocen generalmente como las metas fundamentales de la ciencia, la mayor parte de los estudiosos de la psicología infantil están interesados también en la cuestión de cómo pueden aplicarse los resultados de su investigación y de sus estudios para mejorar el bienestar general y la calidad de la vida humana. Quieren que su investigación produzca información valiosa para ayudar a la gente a alcanzar un mejor ajuste y a vivir una vida más feliz, al facilitar el aprendizaje efectivo y una creatividad mayor, al reducir los prejuicios, los temores y las ansiedades y al fomentar las actitudes y los comportamientos altruistas, cooperativos y humanitarios. En consecuencia, buena parte de la investigación en el campo se concentra en problemas de relevancia social, y los hallazgos de tal investigación han tenido importancia tanto teórica como práctica.

Consideremos los siguientes problemas que los psicólogos del desarrollo han investigado. Los niños del *ghetto* por lo general son deficientes en cuanto a destrezas cognoscitivas al ingresar a la escuela; esto es, sus calificaciones son significativamente inferiores, en promedio, en las pruebas de lenguaje e inteligencia a las de los niños blancos de la clase media. Los factores que producen estas diferencias pueden ser descubiertos a través de la investigación, y esta información puede utilizarse en la formulación de programas para ayudar a prevenir o superar las deficiencias de los niños pobres (véase el capítulo 3). Específicamente, la investigación puede ayudar a contestar preguntas acerca de si el adiestramiento preescolar puede aumentar las capacidades cognoscitivas de los niños del ghetto. De ser así, ¿qué clase de programas de adiestramiento es la más efectiva? Otra área donde ha tenido lugar una investigación vigorosa es la que se ocupa de la violencia, la agresión, el crimen y la delincuencia, que en la actualidad son problemas muy importantes en los Estados Unidos y en muchos otros países occidentales. Gracias a esa investigación hemos aprendido mucho acerca de los mecanismos básicos del desarrollo de la personalidad, y, como veremos, los hallazgos son sumamente útiles para diseñar programas destinados a superar estos problemas (véase el capítulo 5). El mundo sería más feliz indudablemente y más armonioso si la gente fuera más considerada, cooperativa, generosa y altruista. Si las condiciones que producen y refuerzan estas características pueden ser especificadas por medio de la investigación, los resultados pueden ser utilizados por padres y educadores para fomentar el desarrollo de estos comportamientos sociales positivos en los niños (véase el capítulo 5).

Este volumen revisa algunas de las investigaciones más interesantes y recientes en la psicología infantil, así como los hallazgos importantes y bien establecidos de investigaciones anteriores. Ofrecemos una *muestra* pertinente de las ideas, de las técnicas de investigación y de los resultados principales que han tenido lugar en este campo. Pero un volumen breve no puede presentar una cobertura completa ni estudiar todo el contenido del campo. En cambio, nuestra intención es presentar un cuadro preciso y bien equilibrado de lo que hacen los psicólogos infantiles, de cómo conducen sus investigaciones, de los hechos que han descubierto y la aplicación social de los resultados de sus investigaciones.

MÉTODOS DE INVESTIGACIÓN EN LA PSICOLOGÍA INFANTIL

Para comprender, evaluar e interpretar la investigación en el campo de la psicología infantil —el *contenido* del campo— se requiere conocer algo acerca de la forma en que los científicos planean sus investigaciones, reúnen sus datos y analizan sus resultados. Antes de dedicar nuestra atención brevemente a la cuestión de los métodos y las técnicas de investigación, es importante recalcar que los fenómenos que interesan a los psicólogos del desarrollo son inherentemente complejos y están determinados en forma múltiple —esto es, están gobernados por muchos factores. Por ejemplo, los niveles de agresión de los niños —o de curiosidad, dependencia o altruismo— dependen de una multitud de aspectos, incluyendo predisposiciones biológicamente determinadas, antecedentes culturales, posición socioeconómica, experiencias en el hogar y en la escuela, y del grado y clase de agresión que observen e imiten. Obviamente, nadie puede investigar todas estas variables en forma simultánea. En cambio, el investigador por lo general formula alguna hipótesis específica, o "mejor conjetura", acerca de los efectos de una variable (o, en la mayoría de los casos, unas pocas variables) sobre la agresión, y la investigación se guía entonces por esta hipótesis. Supongamos, por ejemplo, que la hipótesis del investigador es que la exposición frecuente a la violencia a través de la televisión aumenta considerablemente el nivel de comportamientos agresivos en los niños. La investigación entonces estaría diseñada para someter a prueba esta hipótesis específica.

Los métodos fundamentales generales de la psicología infantil, como de todas las disciplinas científicas, son la observación no sesgada (controlada) y la medición objetiva. Las observaciones pueden hacerse en escenarios *naturalistas,* o "de la vida real", como son la escuela de párvulos, el hogar, el patio de recreo, el parque o la sala de espera de la oficina de un médico. Por ejemplo, un investigador que estudie el desarrollo de la cooperación en niños que estén en edad de asistir a la escuela de párvulos podría trabajar con una muestra de 20 niños. En el método de muestreo de tiempo, cada uno de los niños es observado en forma extensiva durante varios periodos breves (tal vez de cinco minutos en cada una de cuatro ocasiones diferentes) cuando el niño o la niña interactúan con otros en el salón de clase o en el patio de recreo. El investigador registraría todos los casos de cooperación entre niños, tales como la planificación conjunto de proyectos, la resolución conjunta de problemas, la ayuda mutua al hacer sus tareas, ofrecer sugerencias a otros y la conducta de compartir.

Otras observaciones se hacen en condiciones estandarizadas y controladas, esto es, en condiciones que establece el investigador. Las observaciones realizadas en estas condiciones pueden ser más precisas y objetivas que las observaciones naturalistas. Si el lector investigara el desarrollo de las relaciones de los niños con otros niños de su misma edad, comparando las primeras reacciones con las de otros niños, mayores, podría escoger como sujetos a 48 niños —12 (6 niños y 6 niñas) en cada una de las cuatro edades (30 semanas, 40 semanas, 50 semanas y 70 semanas). Se podría entonces llevar a los niños en grupos de tres a una habitación agradable, amueblada de forma atractiva, que tuviera juguetes llamativos y carteles a todo color y observar durante 30 minutos la forma en que los niños reaccionan ante sus semejantes. El episodio completo podría ser grabado en película o en *videotape* y después analizado con todo cuidado. La frecuencia y la cantidad de reacciones tales como sonreír, acercarse, actuar, jugar juntos, cooperar, competir y pelear serían anotadas. La comparación de los comportamientos de los niños de diferentes edades permitiría al lector hacer algunas inferencias acerca de las tendencias de la edad en las primeras interacciones sociales.

Cada vez que es posible, el investigador utiliza el método más socorrido de la investigación científica, el experimento, a fin de descubrir las razones de los cambios en el comportamiento. Un experimento es otro método de observación controlada, pero se caracteriza porque siempre supone una *intervención* o *manipulación* controlada y previamente dispuesta por el experimentador. Más específicamente, el experimentador en realidad crea, controla, y establece variaciones en *un* factor particular —llamado la *variable independiente*— y después observa si y cómo alguna(s) otra(s) variable(s) —la(s) *dependiente(s)*— cambia(n) cuando se modifica la variable independiente. Sólo se permite variar un factor en cada ocasión; todos los demás se mantienen constantes, esto es, no se permite que varíen.

Con el fin de presentar una ilustración, supongamos que formulamos la hipótesis de que los niños que tienen fobias hacia los perros (el temor inusitado e intenso de ellos) devendrán menos temerosos si observan a otros niños jugar felizmente con perros y mimarlos. Podríamos someter a prueba esta hipótesis experimentalmente al trabajar con dos grupos de niños con fobias hacia los perros, y no es difícil encontrar un número grande de tales niños. Los niños se asignarían aleatoriamente a un grupo experimental, que observaría a otros niños jugando con perros, o al grupo control que no recibiría este "tratamiento". Esto se haría escribiendo el nombre de cada uno de los niños en un trocito de papel y vertiendo después todos los trocitos dentro de un sombrero, revolviéndolos y extrayendo a ciegas un número igual para cada grupo. Entonces podemos tener la certeza de que los dos grupos son esencialmente iguales en todos los respectos al comenzar el experimento; los grupos no difieren en ninguna característica que pudiera afectar la respuesta al "tratamiento": la edad, la ubicación en grado escolar, el sexo, la salud, la inteligencia, la clase socioeconómica. Así podemos controlar la única variable por la cual estamos interesados: la observación de otros niños mientras juegan con perros.

Después, los niños del grupo experimental son trasladados a una serie de cuatro "fiestas" en las cuales se les muestran películas de un niño que juega con un perro. A medida que avanza la serie, el niño de la película se vuelve más atrevido, más vigoroso y más íntimo en sus acercamientos al perro. El grupo control también participa en una serie de cuatro "fiestas" durante las cuales observa una serie de películas, pero éstas no muestran a niños que juegan con animales. Si seguimos la serie de fiestas, podremos observar a cada uno de los niños en una situación estándar, llevándolo a una gran sala en donde hay un perro y anotar cuidadosamente todas las respuestas del niño. Si nuestra hipótesis original es válida, los niños del grupo experimental se aproximarán al perro sin temor e interactuarán con él en actividades de juego. Los niños control, por otra parte, todavía se mostrarán temerosos, de modo que no intentarán acercarse al perro sino que probablemente lo evitarán tanto como sea posible. Un experimento muy parecido a éste realmente ha sido llevado a cabo con hallazgos impresionantes que apoyan la hipótesis (véase el capítulo 5).

La característica más crítica del procedimiento experimental es que permite evaluaciones precisas y exactas de los efectos de los tratamientos experimentales. Así, en nuestro ejemplo, podríamos medir en forma precisa cómo la observación de películas de niños sin temor afectó los temores que los niños sienten hacia los perros. Sin un experimento controlado resulta imposible determinar las contribuciones relativas de cada una de las muchas variables que afectan al desarrollo y a la reducción del temor: factores como el sexo, la clase social, la presencia o la ausencia de adultos que los apoyen, las recompensas o los castigos por mostrar o inhibir las respuestas de temor. Los estudios clínicos y de observación de la reducción del temor podrían producir información valiosa acerca de las influencias de algunas de estas variables, pero éstas sólo pueden ser aisladas y determinar sus efectos de un modo preciso a través de medios experimentales.

Por desgracia, existen muchos problemas importantes en la psicología infantil que simplemente no pueden ser investigados experimentalmente. Por ejemplo, es importante determinar en forma precisa los efectos del rechazo de los padres en el desarrollo de la personalidad del niño, pero difícilmente podemos esperar que los padres rechacen a sus hijos de modo que alguien puede conducir un experimento. Es obvio que deben utilizarse otros métodos para estudiar problemas como éste.

Puede entrevistarse a los padres acerca de sus prácticas de crianza de los niños, sobre la naturaleza y extensión de sus interacciones con el niño, sobre su expresión de afecto hacia él o ella, acerca de los métodos de castigo y del periodo de tiempo dedicado a hacer cosas juntos. Entonces los datos de la entrevista pueden ser analizados, y el rechazo de los padres (o la tolerancia, la punitividad o la cordialidad) puede estimarse. Estas estimaciones de las prácticas de los padres se pueden correlacionar con medidas de la personalidad de los niños, derivadas de observaciones o pruebas. Por desgracia, sin embargo, la técnica de la entrevista tiene muchos defectos: los padres pueden no ser buenos observadores de su propio comportamiento, sus recuerdos pueden ser selectivos o bien sus informes pueden verse seriamente afectados por algún prejuicio.

Las relaciones entre padre e hijo pueden evaluarse a través del otro método naturalista: la *visita al hogar*. El visitador del hogar, un observador adiestrado, se presenta en el hogar del niño y observa a las familias en sus interacciones normales durante unas cuantas horas en varias ocasiones. Estas observaciones cuidadosas son las bases para evaluar variables tales como la cordialidad, el rechazo, la tolerancia o el control de los padres. Pero, si la presencia del visitante en el hogar inhibe el comportamiento de los miembros de la familia —si sus interacciones no son naturales o espontáneas cuando el visitante está ahí— la muestra del comportamiento difícilmente proporciona una imagen precisa de las relaciones familiares.

La observación estructurada cuasi naturalista demuestra que es sumamente fecunda en las investigaciones de las relaciones entre padre e hijo. Una madre y su hijo son reunidos en una situación estándar que evoca la interacción. Al niño puede presentársele un juguete nuevo y complicado o un juego con el cual debe jugar mientras se le proporcionan a la madre algunas revistas para leer. Es probable que la situación evoque una muestra de la interacción habitual entre madre e hijo, con lo cual se pone al investigador en condiciones de observar y evaluar variables tales como la capacidad del padre para motivar al niño, las tendencias a guiar o interferir, la sensibilidad ante las necesidades e intereses del niño, el uso del elogio o del castigo, la capacidad de apoyo, el control, los métodos para aplicar reglas y la tolerancia. Al mismo tiempo, las reacciones del niño en una situación nueva —independencia, capacidad de resolver problemas, disposición a experimentar con respuestas nuevas, creatividad, flexibilidad, capacidad para tolerar la frustración— también pueden medirse.

Como en el caso de cualquier disciplina joven y dinámica, los nuevos métodos de investigación y medición continuamente se introducen en la psicología del desarrollo a medida que los antiguos mejoran o son sustituidos. En años recientes, estos cambios han hecho posible la realización de investigaciones mejores y más sistemáticas en diversas áreas críticas, incluyendo la percepción visual y la atención de los bebés, el desarrollo de funciones cognoscitivas tales como la memoria y la capacidad de resolver problemas, así como la modificación de características de la personalidad y respuestas sociales.

Los métodos longitudinal, transversal y transcultural

Los estudios del desarrollo humano pueden ser clasificados como *longitudinales* o como *transversales*. Éstos pueden explicarse mejor como métodos contrastantes. En el método longitudinal, el mismo grupo de niños es estudiado, sometido a prueba y observado repetidas veces durante un periodo extenso de tiempo. Por ejemplo, al investigar longitudinalmente el desarrollo de la capacidad de razonamiento y de la formación de conceptos entre las edades de 4 y 10 años, un investigador reuniría un grupo de sujetos y aplicaría pruebas apropiadas, primero cuando tuvieran 4 años y subsecuentemente en intervalos anuales y semestrales hasta los 10 años. El análisis de los resultados, permitiría al investigador definir las tendencias de la edad en el desarrollo de estas funciones.

Un investigador que empleara el método transversal para estudiar estos desarrollos aplicaría estas pruebas dentro de un periodo de tiempo breve (esencialmente una evaluación) a niños de diferentes edades, esto es, en muestras de niños de 4 años, de 5 años, de 6 años, etcétera. La comparación de los rendimientos de los niños de diferentes edades, como en el caso del estudio longitudinal, pondría al investigador en condiciones de describir las tendencias de edad en la resolución de problemas y en la capacidad de formación de conceptos.

Sin embargo, existen varias clases de problemas que pueden ser investigadas en forma adecuada sólo mediante el uso del método longitudinal. Por ejemplo, el estudio de las tendencias *individuales* en el desarrollo debe ser longitudinal, pues requiere la aplicación repetida de pruebas. Podemos determinar si la personalidad, la inteligencia o el rendimiento son estables, o consistentes, a lo largo de periodos de tiempo prolongados sólo si sometemos a prueba a las mismas personas en diferentes edades: método longitudinal. Y podemos evaluar en la forma más adecuada los efectos latentes o diferidos de las primeras experiencias, como la excesiva protección de los padres, en la personalidad posterior mediante medios longitudinales, esto es, al relacionar las observaciones del tratamiento inicial con datos de la personalidad recogidos posteriormente en la vida del niño.

Aunque resulta muy útil, el método longitudinal es extremadamente costoso y consume demasiado tiempo, y tiene además algunas otras limitaciones inherentes. Por ejemplo, es poco o nada lo que sabemos acerca de cómo la exposición repetida en las pruebas psicológicas y en la observación afecta a los sujetos de tales estudios o de los posibles prejuicios que los investigadores podrían desarrollar como resultado de sus contactos frecuentes con los sujetos. Por estas razones, el método se ha utilizado solamente en un número limitado de estudios; el método transversal se ha utilizado con mucha mayor frecuencia en la psicología infantil.

Debemos ser sumamente cautelosos al extraer conclusiones acerca de las tendencias generales o universales en el desarrollo partiendo de estudios transversales o longitudinales de niños estadounidenses. Los estudios *transculturales* —esto es, los estudios de niños en otras culturas— pueden contrarrestar las generalizaciones excesivas. Por ejemplo, de acuerdo con los datos de varios investigadores, la ansiedad y el conflicto, junto con la rebelión en contra de la autoridad paterna y la gran conformidad con las normas de los compañeros son características de los adolescentes estadounidenses e ingleses. Por lo tanto, muchas personas concluyeron que la adolescencia es inherentemente un periodo de tensión y ansiedad. Sin embargo, otros datos indican que en algunas otras culturas —por ejemplo, en Samoa o en los *kibbutz* de Israel— la adolescencia es un periodo relativamente libre de conflictos donde tienen lugar pocas rebeliones contra los padres y otras autoridades. Tales observaciones nos hacen conscientes de nuestros prejuicios culturales en nuestras evaluaciones e interpretaciones de los datos relativos al desarrollo.

Las hipótesis relativas a los fenómenos "universales" o invariantes en el desarrollo deben ser sometidas a prueba valiéndose de un método transcultural. Consideremos la hipótesis de que lo que los niños expresan en sus primeras oraciones —que generalmente se pronuncian alrededor de los 18 meses de edad, independientemente de la cultura en la cual crezca el niño—, depende de su nivel de desarrollo cognoscitivo; en esta edad, los niños están más interesados por el movimiento y la acción, y éstas son las ideas que ellos tratan de expresar. Esta hipótesis no podría ser sometida a prueba adecuadamente con una muestra de las primeras oraciones de los niños que tengan un solo pasado cultural. El someter a prueba esta hipótesis requiere muestras de expresión verbal de las primeras oraciones, junto con información relativa al contexto en el que tales oraciones fueron pronunciadas, de niños de muchas culturas, por ejemplo, de los Estados Unidos, Francia, Japón, Indonesia, Israel, Kenia y Egipto. De un análisis de estas muestras de lenguaje el investigador podría concluir que, independientemente del idioma que hablen los niños, característicamente expresan pensamientos relativos a la acción y al movimiento en sus primeras oraciones. Tales resultados constituirían un poderoso apoyo de la hipótesis. Ésta sería rechazada si los datos mostraran que el contenido de las primera oraciones variaba de una cultura a otra.

2

Principios generales del desarrollo, y el desarrollo en la infancia

El desarrollo es un proceso continuo que comienza al iniciarse la vida, en la concepción, en el momento en que el óvulo de la madre es fertilizado, al ser penetrado por una célula espermática del padre. Inmediatamente después de la concepción se inicia el proceso de la *mitosis,* o división celular. El óvulo fertilizado, una sola célula, se divide y subdivide rápidamente hasta que se han formado millones de células. A medida que avanza el desarrollo, las células nuevas asumen funciones altamente especializadas, convirtiéndose en partes de diversos sistemas del cuerpo: nervioso, esquelético, muscular o circulatorio. El feto, como se denomina al niño antes de que nazca, comienza a formarse.

La secuencia de desarrollo en el periodo prenatal (antes del nacimiento) es fijo e invariable. La cabeza, los ojos, el tranco, los brazos, las piernas, los genitales y los órganos internos se desarrollan en el mismo orden y aproximadamente a las mismas edades prenatales en todos los fetos. Aproximadamente nueve meses después de la concepción, nace el niño.

Si bien los procesos que sustentan el desarrollo son extremadamente complejos, así antes como después de nacer, el desarrollo humano ocurre de acuerdo con diversos principios generales. Los más importantes se resumen en los siguientes párrafos.

Primero, el crecimiento y los cambios en el compartamiento son ordenados y, en su mayor parte, ocurren en secuencias invariables. Todos los fetos pueden voltear sus cabezas antes de que puedan extender las manos. Después del nacimiento, existen patrones definidos de crecimiento físico y de incrementos en las capacidades motoras y cognoscitivas. Todos los niños se sientan antes de ponerse de pie, se paran antes de caminar y trazan un círculo antes de dibujar un cuadrado. Todos los bebés atraviesan la misma secuencia de etapas en el desarrollo del lenguaje: balbucean antes de hablar, pronuncian determinados sonidos antes que otros, y crean oraciones simples antes de expresar oraciones complejas. Determinadas capacidades cognoscitivas invariablemente preceden a otras; todos los niños pueden clasificar objetos o ponerlos en una serie de acuerdo con su tamaño antes de que puedan pensar en forma lógica o formular hipótesis.

La naturaleza modelada del desarrollo inicial físico y motor se ilustra claramente en las tendencias "direccionales" (fig. 2.1). Una es la

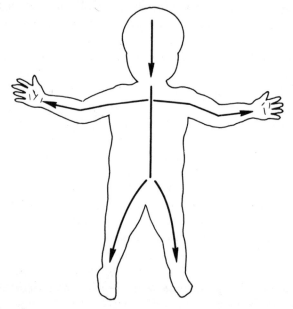

FIGURA 2.1.   Representación diagramática de las direcciones del crecimiento.

cefalocaudal, o dirección *de la cabeza a los pies,* dirección del desarrollo de forma y función. Por ejemplo, los brotes de los brazos del feto (los comienzos de los brazos) aparecen antes que los brotes de las piernas, y la cabeza está bien desarrollada antes de que las piernas estén bien formadas. En el infante, la fijación visual y la coordinación del ojo y mano se perfeccionan mucho tiempo antes de que los brazos y las manos puedan ser utilizados en una forma efectiva para alcanzar algo y asirlo. Siguiendo la dirección *proximodistal,* o *exterior* del movimiento, las partes centrales del cuerpo maduran más temprano y devienen funcionales antes de las que están situadas en la periferia. Los movimientos eficientes del brazo y el antebrazo preceden a los del puño, las manos y los dedos. La parte superior del brazo y el muslo son puestos bajo control voluntario antes que el antebrazo, la parte inferior de la pierna, las manos y los pies. Los primeros actos del infante son gruesos, difusos e indiferenciados, y hacen participar a todo el cuerpo o a segmentos grandes de él. Sin embargo, gradualmente éstos son reemplazados por acciones más refinadas, diferenciadas y precisas; una tendencia del desarrollo que va *de la actividad masiva a la específica*, de la acción de los músculos grandes a los músculos pequeños. Los primeros intentos de los bebés de asir un cubo son muy torpes en comparación con los movimientos refinados de los dedos índice y pulgar que pueden realizar unos pocos meses después; los primeros pasos al aprender a andar son erráticos y suponen movimientos excesivos, pero gradualmente comienzan a caminar en una forma más graciosa y precisa.

En segundo lugar, el desarrollo es pausado y continuo, pero no siempre es suave y gradual. Existen periodos de crecimiento físico muy rápido —explosiones de desarrollo— y de extraordinarios incrementos en las capacidades psicológicas. Por ejemplo, el peso y la altura del niño aumentan enormemente durante el primer año, y los preadolescentes crecen también con gran rapidez. Los órganos genitales se desarrollan muy lentamente durante la niñez pero muy rápidamente durante la adolescencia. Durante el periodo preescolar existen agudos incrementos en el vocabulario y en las destrezas motoras, y hacia la adolescencia la capacidad individual para resolver problemas lógicos experimenta un notable mejoramiento.

En tercer lugar, interacciones complejas entre la herencia (factores genéticos) y el ambiente (experiencia) regulan el curso del desarrollo humano. Por lo tanto, resulta extremadamente difícil desentrañar los efectos de dos series de determinantes en características específicas observadas; la cuestión general de la herencia o del medio ambiente a menudo carece esencialmente de sentido. Consideremos, por ejemplo, el caso de la hija de un próspero hombre de negocios y de su esposa que es abogada. El cociente de inteligencia de la niña es de 140, que es sumamente elevado. ¿Es dicho cociente el producto de la herencia de un potencial elevado o de un ambiente hogareño estimulante? Muy probablemente dicho cociente es el resultado de la *interacción* entre ambos factores.

Podemos, desde luego, considerar a las influencias genéticas sobre características específicas, como la altura, la inteligencia o la agresividad. Pero en la mayoría de los casos de las funciones psicológicas, las contribuciones exactas de los factores hereditarios son desconocidas. En el caso de tales características las preguntas pertinentes son: ¿cuáles de las potencialidades genéticas del individuo se realizarán en el medio ambiente físico, social y cultural en el cual el niño se desarrolla? y ¿qué límites al desarrollo de las funciones psicológicas son establecidos por la constitución genética del individuo?

Muchos aspectos físicos y la fisonomía resultan fuertemente influidos por factores genéticos: el sexo, el color de los ojos y de la piel, la forma de la cara, la altura y el peso. Pero los factores ambientales pueden incluso ejercer fuertes influencias sobre algunas de estas características que ante todo están determinadas genéticamente. Por ejemplo, los hijos estadounidenses de inmigrantes judíos de hace dos generaciones crecían más y eran más robustos que sus padres, hermanos y hermanas nacidos en el extranjero. Los niños de la actual generación en los Estados Unidos y en otros países occidentales son más altos y más pesados y crecen con mayor rapidez que los niños de generaciones anteriores. Es claro, pues, que los factores ambientales, especialmente la nutrición y las condiciones de vida, afectan al físico y a la tasa de crecimiento.

Los factores genéticos influyen en las características temperamentales tales como las tendencias a mostrarse tranquilo y relajado o tenso y con reacciones rápidas. La herencia también puede establecer los límites superiores más allá de los cuales la inteligencia no puede desarrollarse. Pero la forma y bajo qué condiciones se manifiestan las características temperamentales o de la inteligencia dependen de muchos factores ambientales. Los niños con buen potencial intelectual, genéticamente determinados, no se muestran inteligentes si se crían en un medio ambiente insulso y poco estimulante o si no tienen motivación para utilizar su potencial. Discutimos esta cuestión en el capítulo 3.

En resumen, las contribuciones relativas de la herencia y de las fuerzas ambientales varían de una característica a otra. Al preguntar acerca de las posibles influencias genéticas sobre el comportamiento, siempre debemos interesarnos por las condiciones bajo las cuales se manifestaron las características. En el caso de la mayor parte de las características conductuales, las contribuciones de los factores hereditarios son desconocidas e indirectas.

En cuarto lugar, todas las características y capacidades del individuo, así como los cambios en el desarrollo, son productos de dos procesos básicos, aunque complejos: la *maduración* (los cambios orgánicos neurofisiológicos-bioquímicos que ocurren dentro del cuerpo de un individuo que son relativamente independientes de las condiciones ambientales externas, de las experiencias o la práctica) y la *experiencia* (el aprendizaje y la práctica).

Como el aprendizaje y la maduración casi siempre interactúan, resulta difícil separar sus efectos o especificar sus contribuciones relativas al desarrollo psicológico. Es cierto que el crecimiento y los cambios prenatales en las proporciones del cuerpo y en la estructura del sistema nervioso son productos de procesos de maduración más bien que de experiencias. Por el contrario, el desarrollo de las destrezas motoras, y de las funciones cognoscitivas dependen de la maduración y de la experiencia y de la interacción entre ambas. En gran medida, las fuerzas de la maduración determinan *cuándo* el niño está listo para caminar (fig. 2.2); las restricciones a la práctica por lo regular no

FIGURA 2.2.   El desarrollo de la postura y la locomoción de los bebés. (De *M. M. Shirley,* The First Two Years, a Study of Twenty-Five Babies, Vol. 2, Intellectual Development. Minneapolis: University of Minnesota Press, 1933. Con *autorización de la University of Minnesota Press.*)

posponen el comienzo de la actividad de caminar, a menos que sean extremas. Muchos niños indios hopi son conservados atados a cunas-tableros la mayor parte del tiempo durante los primeros tres meses de sus vidas y una parte del día después de éstos. Por consiguiente, tienen muy poca experiencia para utilizar los músculos que sirven para caminar; sin embargo, comienzan a andar a la misma edad que otros niños. A la inversa, no se puede enseñar a los niños a permanecer de pie o a caminar hasta que su aparato nervioso y muscular ha madurado lo suficiente. Sin embargo, una vez que se han adquirido estas destrezas motoras básicas, mejoran con la experiencia y la práctica. El acto de caminar se convierte en algo mejor coordinado y más gracioso a medida que se eliminan los movimientos superfluos; los pasos devienen más largos, más rectos y más rápidos.

La adquisición del lenguaje y el desarrollo de destrezas cognoscitivas son también resultados de la interacción entre las fuerzas de la experiencia y las de la maduración. Los niños no comienzan a hablar o a unir palabras sino hasta que han alcanzado un cierto nivel de madurez, independientemente de cuánta "enseñanza" se les imparta. Pero obviamente el lenguaje que los niños adquieren depende de sus experiencias —el lenguaje que oyen hablar a otros— y su fluidez verbal será al menos en parte una función del estímulo y de las recompensas que obtengan por su expresión verbal.

De manera análoga, los niños no adquirirán ciertas destrezas cognoscitivas o intelectuales sino hasta que han llegado a cierta etapa de madurez. Por ejemplo, hasta lo que Piaget denomina etapa operacional —aproximadamente a las edades de 6 o 7 años— los niños tratan sólo con objetos, eventos y representaciones de éstos; en realidad no se ocupan de ideas o de conceptos. Antes de que lleguen a la etapa operacional, no han adquirido el concepto de *conservación,* la idea de que la cantidad de una sustancia, como la arcilla, no cambia debido simplemente a que cambia su forma, por ejemplo, de pelota a salchicha. Una vez que han llegado a la etapa de las operaciones concretas y tienen más experiencia con la noción de conservación, sin embargo, pueden aplicarla a otras calidades; esto es, comprenden que la longitud, la masa, el número y el peso permanecen constantes no obstante determinados cambios en el aspecto externo.

En quinto lugar, las características de la personalidad y las respuestas sociales, incluyendo los motivos, las respuestas emotivas y las formas habituales de reaccionar, son, en grado muy importante, *aprendidas;* esto es, son los resultados de la experiencia y la práctica. Esto no niega el principio de que los factores genéticos y de maduración son importantes para determinar qué y cómo aprende el individuo.

El aprendizaje ha sido desde hace mucho tiempo una de las áreas centrales de la investigación y de la teoría en psicología, y muchos principios importantes del aprendizaje han quedado ya establecidos. El análisis que sigue es una presentación sumamente breve, y tal vez excesivamente simplificada, de los tres tipos de aprendizaje que revisten importancia decisiva en el desarrollo de la personalidad.

El enfoque primero y más tradicional del aprendizaje es el *condicionamiento clásico,* la clase de aprendizaje demostrada por Pavlov en la primera parte del presente siglo. En su famoso experimento, Pavlov enjaezó a un perro y luego hizo sonar una campana cada vez que se colocaba alimento en el hocico del perro. El perro salivaba, es decir, emitía una respuesta natural o *no condicionada,* suscitada por la comida en el hocico (el *estímulo* incondicionado). Después de que la campana (el *estímulo condicionado,* que en forma natural no suscitaría la respuesta) y la comida habían sido presentadas juntas en diversas ocasiones, el perro comenzó a producir saliva cada vez que escuchaba la campana; el estímulo condicionado se había convertido en algo capaz de evocar la respuesta salival. Se había formado una nueva asociación entre un estímulo previamente neutral y una respuesta.

Una parte del aprendizaje del niño tiene lugar por medio del condicionamiento, o la formación de nuevas asociaciones entre estímulos y respuestas. Para citar un solo ejemplo, si una madre muestra al niño el biberón cada vez que coloca el pezón en la boca de éste; el pezón suscita respuestas de succión (*incondicionadas*). Después de varias experiencias en las cuales la vista del biberón se aparea a las sensaciones del pezón en la boca, el niño hará movimientos de succión tan pronto como se le presente la botella. El niño también adquiere respuestas de evitación por medio del condicionamiento. Un niño que empieza a andar, al explorar la cocina, ve una taza atractiva, la alcanza y vuelca su contenido. El café caliente de la taza quema la mano del niño. La taza queda asociada con el dolor y en ocasiones futuras el niño evita el tratar de alcanzarla. En la misma forma, el niño aprende a retirarse de la gente que ha sido fuente de dolor o de incomodidad.

En el *condicionamiento operante o instrumental,* una respuesta que ya está en el repertorio del niño es *recompensada* o *reforzada* con alimento, comodidad, aprobación o con un premio, y con ello se fortalece; esto es, existe una mayor probabilidad de que la respuesta se repita. Por ejemplo, el recompensar a un niño de tres meses de edad cada vez que vocalizaba (sonriéndole y tocándole ligeramente el abdomen) dio por resultado un notorio incremento en la frecuencia de sus vocalizaciones.

Muchas de las respuestas del niño son modificadas o moldeadas mediante el condicionamiento operante. En un estudio, todos los niños de una escuela de párvulos fueron recompensados con la aprobación del maestro cada vez que tenía lugar una respuesta social sobresaliente, así como los casos de ayuda mutua o cooperación con los demás niños. Las respuestas agresivas, como golpear, molestar, gritar o destruir cosas, fueron pasadas por alto o castigadas mediante reprimendas. En un lapso muy breve, tuvieron lugar incrementos espectaculares en el número de respuestas sociales, cooperativas y de ayuda; al mismo tiempo, el número de respuestas agresivas descendió agudamente. Así, muchas características de la personalidad, muchos motivos y respuestas sociales se aprenden por medio del contacto directo con el medio ambiente que recompensa determinadas respuestas y castiga (o ignora) otras.

También pueden aprenderse respuestas complicadas en otra forma, al observar a otros: el repertorio conductual del niño se amplía en forma apreciable por medio del *aprendizaje por observación*. Esto se ha demostrado a menudo en experimentos que suponen una amplia diversidad de respuestas. En estos experimentos, los niños se exponen a un modelo que realiza alguna acción; estas acciones pueden ser simples o complejas; verbales o motoras; agresivas, dependientes o altruistas. Los niños en un grupo control no observan al modelo. Posteriormente, los niños son observados con el fin de determinar la medida en que copian, o imitan, el comportamiento mostrado por el modelo. El aprendizaje por observación, según lo muestran los resultados, es sumamente efectivo: los niños que integran el grupo experimental por lo general imitan las respuestas del modelo; los niños del grupo control no muestran las respuestas. Nótese que el reforzamiento no se requiere para adquirir ni para evocar respuestas imitadas.

Obviamente el niño no tiene que aprender a responder a la situación nueva. Después de que una respuesta ha quedado asociada con un estímulo o con un escenario ambiental, es probable que sea transferida a otras situaciones similares. Esto constituye el principio de la *generalización del estímulo*. Si el niño ha aprendido a acariciar a su perro, probablemente acariciará a otros perros, en especial a los que son similares al suyo. Si su perro es un pequeño *terrier*, es más probable que se acerque a un *poodle* miniatura que a un San Bernardo.

En sexto lugar, existen periodos críticos o sensitivos en el desarrollo de determinados órganos del cuerpo y ciertas funciones psicológicas. La interferencia con el desarrollo normal en estos periodos puede producir deficiencias o disfunciones permanentes. Por ejemplo, existen periodos críticos en el desarrollo del corazón, los ojos, los pulmones y los riñones del feto; si el curso del desarrollo normal se interrumpe en uno de estos periodos —tal vez por obra de una infección materna viral o por rubéola— el niño puede sufrir daños permanentes en sus órganos.

Erik Erikson, prominente psicoanalista y teórico de la psicología infantil, considera que el primer año de vida es un periodo crítico para el desarrollo de la confianza hacia otros. El niño que no experimenta cordialidad, amor y satisfacción de sus necesidades adecuados durante este tiempo puede no desarrollar un sentido de confianza y en consecuencia puede no formar relaciones satisfactorias en etapas ulteriores. De manera análoga, parecen haber periodos de "disposición" para aprender diversas tareas, como las de leer o andar en bicicleta. El niño que no aprende a realizar estas tareas durante estos periodos puede experimentar grandes dificultades para aprenderlas posteriormente.

En séptimo lugar, las experiencias de los niños en una etapa del desarrollo afectan a su desarrollo posterior. Si una mujer embarazada sufre desnutrición grave, el niño que lleva en el vientre puede no desarrollar el número normal de células cerebrales y, por lo tanto, puede nacer con una deficiencia mental. Los niños que ven pasar los primeros meses de su vida en ambientes sumamente insulsos o poco estimulantes parecen ser deficientes con respecto a destrezas cognoscitivas y tienen un rendimiento pobre en las pruebas de funcionamiento intelectual en las etapas posteriores de la niñez. El niño que recibe cordialidad, amor y atención deficientes en los primeros años de su vida no logra desarrollar la confianza en sí mismo y en los demás, por lo que probablemente mostrará poca estabilidad emocional y desajustes en la adolescencia.

El estudio de los bebés

Por razones tanto teóricas como prácticas, el estudio de la infancia ha llegado a ser cada vez más importante desde principios de la década de 1960. Varios de los principios generales del desarrollo que analizamos anteriormente se derivaron de la investigación con bebés. El desarrollo humano depende en gran medida del aprendizaje y la experiencia. A fin de comprender estos procesos debemos conocer las bases sobre las cuales debe construirse el aprendizaje; esto es, las necesidades, las capacidades sensorias y las capacidades de respuesta con que comienza a vivir el individuo.

Desde luego, existen necesidades básicas, biológicas, innatas, como la necesidad de oxígeno, de alimento y bebida, de eliminación, de regulación de la temperatura. Los antiguos estaban conscientes del hecho de que los neonatos (los recién nacidos) poseen muchos reflejos motores (respuestas automáticas, involuntarias) que tienen un valor de supervivencia. Entre ellas se incluye la *succión* para obtener leche y los *reflejos pupilares* (contracción de las pupilas de los ojos como protección en contra de las luces brillantes o los destellos instantáneos).

Algunas investigaciones nuevas y fascinantes demuestran que el recién nacido es un organismo notablemente capaz y que tiene una capacidad cognoscitiva mucho mayor de lo que se advirtió en el pasado. Casi desde el momento del nacimiento, el niño es capaz de aprender, y algunas capacidades perceptivas muy complejas y ciertas clases de entendimientos que anteriormente se consideraban productos de la experiencia y el aprendizaje ahora parecen estar "programados" en el organismo. Antes de considerar estos hallazgos nuevos, examinemos brevemente las características físicas del neonato, sus necesidades y sus capacidades sensorias.

CARACTERÍSTICAS DE LOS NEONATOS

El crecimiento físico

El cuerpo del bebé crece extremadamente rápido durante el primer año, cuando los incrementos relativos en longitud y en peso son mayores que en cualquier época posterior. El peso del niño al nacer —aproximadamente siete libras en promedio tratándose de los varones y un poco menos si se trata de niñas— se duplica durante los primeros 6 meses y casi se triplica al finalizar el primer año. La longitud del cuerpo, en el caso de los niños, es de aproximadamente 20 pulgadas al nacer en promedio, aumenta más de una tercera parte hasta alcanzar 28 o 29 pulgadas hacia el final del primer año.

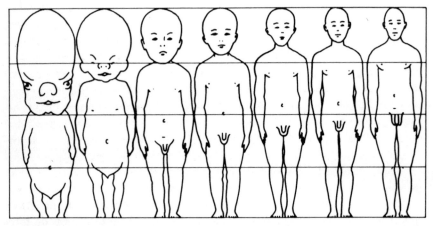

FIGURA 2.3.   Cambios de forma y proporción del cuerpo humano durante la vida fetal y posnatal. (De C. M. Jackson, "Some aspects of Form and Growth", en Growth, ed. W. J. Robbins y colaboradores. New Haven, Conn.: Yale University Press, 1929, pág. 118. Con autorización.)

Durante la infancia, diferentes partes del cuerpo crecen a tasas diferentes hasta que las proporciones del cuerpo devienen más similares a las del adulto (fig. 2.3). De acuerdo con el principio de desarrollo de la cabeza a los pies, la cabeza y las partes superiores del cuerpo crecen a un ritmo más rápido que el tronco y las piernas. El tamaño de la cabeza aumenta a una tasa sorprendente, comenzando casi inmediatamente después de la concepción y, cuando llega el momento del nacimiento, la cabeza alcanza aproximadamente el 60% del tamaño que tendrá en la edad adulta. Un niño recién nacido parece dotado de una cabeza demasiado grande, la longitud de su cabeza es aproximadamente la cuarta parte de la longitud total del cuerpo. El tamaño del cerebro se duplica durante los primeros dos años. El tronco ocupa el segundo lugar, después de la cabeza, en la tasa general de crecimiento, y alcanza aproximadamente la mitad de su tamaño completo (de adulto) para fines del segundo año. De todas las partes del cuerpo del neonato, las piernas son las más alejadas del tamaño que tendrán al alcanzar la edad adulta; con relación a las partes superiores del cuerpo, aquéllas crecen lentamente.

Necesidades del recién nacido

Muchas de las necesidades biológicas innatas del recién nacido se satisfacen en formas autorregulatorias, esto es, sin el control voluntario o la participación activa del niño o de otros. Por ejemplo, los mecanismos de la respiración refleja proporcionan suficiente oxígeno para satisfacer las necesidades del recién nacido. Los reflejos del esfínter se hacen cargo de las necesidades de eliminación del niño y, en circunstancias ordinarias, reacciones fisiológicas automáticas conservan su cuerpo en una temperatura relativamente constante. Los equilibrios fisiológicos y químicos del cuerpo y, por lo tanto, la energía, se mantienen por medio del sueño; a menos que los niños estén enfermos, o sientan dolor, o tengan mucha hambre o se sientan sumamente incómodos, dormirán todo lo que necesitan y despertarán una vez que hayan descansado.

Dos necesidades biológicas prominentes, el hambre y la sed, no se satisfacen automáticamente. Si nadie ayuda al niño a satisfacer estas necesidades con prontitud, las tensiones pueden llegar a ser intensas y dolorosas. Las relaciones sociales vinculadas con la satisfacción de estas necesidades figuran entre las más importantes experiencias tempranas de los niños y pueden producir efectos duraderos en su desarrollo posterior (véase el capítulo 5).

Capacidades sensorias y perceptivas

Los sistemas sensorios de los niños están notablemente bien desarrollados en el momento del nacimiento. Pueden ver, oír y oler, y son sensibles al dolor, al tacto y al cambio de posición. Si bien su sentido del gusto no está adecuadamente desarrollado al principio, reaccionan ante diferencias en las sustancias de sabor dulce o amargo en el transcurso de las primeras dos semanas. La sensibilidad al dolor, ya presente en el nacimiento, se vuelve más aguda en el transcurso de los primeros días. La coordinación y la convergencia de los ojos, necesarias para la fijación visual y para la percepción de la profundidad, comienzan a desarrollarse inmediatamente después del nacimiento y parecen estar bien establecidas a la edad de 7 u 8 semanas. Niños de apenas 15 días de edad pueden discriminar diferencias de brillantez y de matiz. Si balanceamos un objeto brillante ante los niños o proyectamos un punto de color que se mueva en el techo veremos que sus ojos siguen el movimiento.

Como los órganos sensoriales del recién nacido funcionan bien, son sensibles a muchos estímulos. Pero no atienden a todo de la misma manera; concentran la atención mucho más en algunos estímulos que en otros. Los estímulos con "un ritmo elevado de cambio" los que se mueven o tienen marcados contrastes entre la luz y la oscuridad, o tienen un contorno muy definido (borde negro sobre fondo blanco) probablemente atraerán y mantendrán la atención de los recién nacidos. Cuando tienen abiertos los ojos investigan hasta encontrar algunos bordes con contorno, y se concentran en dichos bordes. Debido a que buscan activamente y atienden en forma diferencial a diversos estímulos, los recién nacidos parecen absorber y almacenar información; sin embargo, parece poco probable que perciban al mundo en la misma forma en que lo hacen los adultos. La percepción supone la organización y la interpretación de impresiones sensoriales simples, y la percepción madura depende del desarrollo neurológico, de la experiencia y del aprendizaje.

Ahora parece que diversas capacidades perceptivas bastante complejas, que tradicionalmente se habían considerado producto del aprendizaje, probablemente son innatas. Tomemos, por ejemplo, la percepción de la solidez. Los primeros escritos sugerían que la capacidad de identificar objetos como materia sólida es el resultado del aprendizaje de asociar indicios visuales con impresiones táctiles. Algunas ingeniosas investigaciones recientes sugieren que, sin embargo, no es ése el caso. Al colocar lentes polarizantes sobre los ojos de los niños y utilizar filtros polarizantes y pantallas de retroproyección, el experimentador creó una ilusión óptica: al frente de una pantalla aparecía un cubo que tenía un aspecto muy real y sólido. Sin embargo, era intangible; cuando los niños intentaban asirlo sólo encontraban aire. Cada uno de los niños sujetos que participaron en el experimento, cuya edad iba de las 12 a las 24 semanas, mostró una evidente sorpresa (lloraron y produjeron respuestas de susto) cuando intentaron alcanzar el cubo y no sintieron nada. Los niños menores simplemente lloraron y cambiaron su expresión facial; los mayores reaccionaron con mayor fuerza, pues veían fijamente sus manos y daban muestras de estar sumamente asustados. Estos niños no mostraron signo alguno de sorpresa cuando sintieron objetos reales suspendidos ante ellos. El investigador interpretó la sorpresa de los niños cuando alcanzaban el objeto ilusorio como evidencia de que "esperaban" encontrar un objeto sólido y tangible. Si esta expectativa depende del aprendizaje para coordinar la visión y el tacto, este aprendizaje debe tener lugar antes de alcanzar la edad de 12 semanas.

Con el fin de descartar la posibilidad de que la sorpresa de los niños se debía a un aprendizaje muy temprano, el investigador comenzó a trabajar con niños aún más pequeños, de 2 semanas de edad. A esta edad, los niños comúnmente muestran una respuesta defensiva cuando un objeto sólido se les acerca. Retiran la cabeza o colocan sus manos entre su cara y el objeto, como para protegerse. Estas respuestas van acompañadas de inquietud y llanto, a menudo de un llanto muy fuerte. Valiéndose de nuevo de proyectores y lentes polarizantes, el investigador movió un objeto ilusorio hacia la cara del niño. Todos los niños mostraron reacciones defensivas. El investigador, por lo tanto, concluyó que existe una asociación inherente entre los objetos visuales y la expectativa de que son sólidos y pueden ser tocados.

Consideremos otra clase de percepción compleja: la percepción de la profundidad. Muchas especies de animales nacen con la capacidad de percibir la profundidad —para así evitar caer en las grietas— y aparentemente la percepción de la profundidad está presente en los humanos desde una época muy temprana. En un experimento, niños de pocos meses de edad fueron colocados individualmente en el centro de un rectángulo de vidrio sólido. Desde el centro se extendía por uno de los lados un dibujo similar al del tablero de ajedrez, colocado directamente abajo del cristal. Por el otro lado, la misma clase de dibujo fue colocado a varios pies de distancia por debajo del vidrio, con lo cual se producía la ilusión de profundidad o de un acantilado visual. Si la madre del niño se presentaba por el lado donde no se producía la impresión de profundidad y llamaba a su hijo, el niño rápidamente gateaba hacia ella. Sin embargo, si la madre lo llamaba desde el lado "profundo", el niño no cruzaba el acantilado ni se le acercaba, *aun cuando el niño podía sentir el cristal y saber que la superficie era sólida*. Esto sugiere que la capacidad de percibir la profundidad es *innata*.

Si bien la atención al movimiento y al contraste son evidentemente respuestas no aprendidas, la experiencia muy pronto comienza a desempeñar un papel en la atención. Si se muestra a niños de una o dos semanas de edad una silueta en blanco y negro de una cara humana y un dibujo sin sentido, observan con la misma atención a cada uno de ellos, porque ambos estímulos contienen contrastes fuertes. Sin embargo, los niños de 4 meses de edad muestran fijaciones mucho más prolongadas (mayor atención) a los diseños de caras que a los dibujos que no tienen sentido. En esta edad, la atención de los niños se ha vuelto más selectiva; resultan más atraídos por los estímulos familiares y significativos que por los que carecen de sentido.

Aprendizaje y memoria de los neonatos y los bebés

Los bebés son capaces de aprender desde los mismos primeros días de vida. Los recién nacidos pueden ser condicionados para voltear la cabeza hacia un lado en respuesta al sonido de una campana que proviene de esa dirección. Durante los ensayos de condicionamiento en un experimento, cada vez que se hacía sonar una campana al lado izquierdo de la cabeza de los recién nacidos y éstos respondían girando la cabeza en esa dirección, recibían un biberón con leche. Si no volteaban la cabeza durante los primeros intentos, el biberón era frotado ligeramente contra la esquina izquierda inferior de su boca para producir el giro de la cabeza, una respuesta refleja a esta estimulación.

En cada una de las sesiones experimentales, el sonido de la campana fue apareado con el biberón diez veces. Durante las primeras sesiones, los bebés a veces volteaban la cabeza hacia la izquierda al sonar la campana y en ocasiones no. Después de 17 o 18 sesiones experimentales —un total de 175 intentos— incluso niños de la edad de 3 días aprendían a volver la cabeza hacia el biberón cada vez que escuchaba la campana. Desde luego, esta clase de condicionamiento puede lograrse con mucha mayor rapidez en niños de más edad. Los bebés de tres meses de edad llegan a condicionarse en aproximadamente la cuarta parte del número de intentos (alrededor de 40) que son necesarios para condicionar a un niño de 3 días de edad.

Desde muy temprano en la vida, la experiencia y la recompensa comienzan a afectar la frecuencia con que los niños manifiestan "respuestas sociales" tales como arrullar y sonreír. Recuérdese el estudio en el cual los bebés de 3 meses de edad aumentaban la frecuencia de sus vocalizaciones después de que el investigador les había recompensado (sonriéndoles y tocándoles el abdomen) cada vez que emitían un sonido. Cuando el experimentador dejó de recompensar las vocalizaciones su frecuencia disminuyó agudamente. En otro estudio, los niños fueron recompensados (se les tomó en brazos, se les sonrió y se les habló) cada vez que sonreían. Después de esto, sonreían con mucha mayor frecuencia; pero cuando las recompensas fueron interrumpidas, la frecuencia de las sonrisas disminuyó en forma significativa, y aumentaron las protestas (llorar, patalear y gritar). Estos experimentos demuestran que incluso los niños muy pequeños aprenden respuestas que conducen a recompensas, por medio de éstas, los adultos pueden ejercer un grado importante de control sobre el comportamiento de un niño.

El aprendizaje por observación también comienza en una época temprana de la vida. La exposición que hace Piaget de la "imitación diferida" de su hija a los 16 meses de edad constituye un ejemplo clásico. La niña fue visitada por un niño que hizo una terrible rabieta, chillaba, empujaba y golpeaba con los pies. Ella nunca había visto tal cosa antes y observaba azorada. Al día siguiente reprodujo las acciones del niño en forma exacta. Puede inferirse que ella había almacenado alguna representación del hecho (quizá una imagen visual) y se sirvió de ella como guía o modelo de su imitación.

Cada vez más, los investigadores han llegado a creer que, en su mayor parte, el comportamiento del niño no está controlado ni moldeado primariamente por fuerzas externas y por recompensas; más bien, los niños *pretenden aprender e inician el aprendizaje,* esto es, participan activamente en el proceso de aprendizaje. Existen muchas pruebas que apoyan este punto de vista. Por ejemplo, Jerome Bruner y sus colegas del Centro de Estudios Cognoscitivos de la Universidad de Harvard descubrieron que los bebés podían aprender a "regular" o "controlar" una respuesta refleja tal como la de succión a fin de producir cambios satisfactores en su medio ambiente. Cada uno de sus sujetos —niños de 4, 5 o 6 semanas de edad— fue sentado en una silla elevada en frente de un tablero que contenía focos luminosos de colores. En la boca del niño fue colocado un chupón conectado a un sistema eléctrico de manera que si el niño succionaba con impulsos prolongados e intensos, los focos de colores se encendían y se apagaban, produciendo una "exhibición de luces". Los niños aprendieron inmediatamente, durante la misma primera sesión experimental, a succionar en forma que se produjera esa exhibición atractiva. Si las condiciones eran invertidas de manera que el acto de succión intensa apagara las luces, rápidamente aprendían a desistir de succionar en esa forma. El aprendizaje de los bebés fue tan rápido que no puede ser explicado simplemente como el resultado de las recompensas. Más bien los investigadores concluyen que existe alguna clase de predisposición inherente —una especie de programa inherentemente construido de acción en la mente del bebé— que les permite a los niños aprender reglas con rapidez y establecer relaciones de causa y efecto entre lo que ellos hacen y lo que perciben. Los investigadores piensan que el condicionamiento requiere muchísimo tiempo debido a que los niños son renuentes a tal aprendizaje; cuando los niños utilizan sus propias iniciativas, realizan sus propias intenciones y son activos en el proceso, aprenden con gran rapidez.

Se ha sugerido que, como los niños de más edad, los bebés encuentran remunerador hacer cosas por su propia iniciativa y ejercer algún control sobre el medio ambiente. Participaron en un experimento niños de ocho semanas de edad en el cual aprendieron con rapidez a mover su cabeza con frecuencia cuando descubrían que sus movimientos producían "un espectáculo" interesante, la rotación de un móvil suspendido por encima de la cuna. Las cabezas de los niños descansaban sobre una almohada "sensible a la presión" que tenía una conexión eléctrica con los móviles, de manera que podían controlar la rotación del artefacto simplemente con mover ligeramente la cabeza. Un grupo control de niños de la misma edad también veía un artefacto móvil, pero no podían controlar sus movimientos.

Los bebés que pudieron controlar la rotación del artefacto pronto aprendieron a hacerlo así y movían sus cabezas con frecuencia, y el número de movimientos de la cabeza aumentó continuamente durante los 14 días que duró el experimento. Por el contrario, los del grupo control no mostraron cambio alguno en la frecuencia de los movimientos de cabeza durante el mismo periodo. Aparentemente, los bebés "aprehendieron" con prontitud el hecho de que los movimientos interesantes del artefacto eran contingentes con sus acciones, y estaban interesados en controlarlos. También se advirtió que el grupo experimental disfrutó de la experiencia de controlar los artefactos; observaban con detenimiento los artefactos móviles, y a menudo sonreían y se arrullaban mientras observaban.

Valiéndose de técnicas de condicionamiento, un prominente investigador europeo, Hanus Papousek, "enseñó" a niños de 2 y 3 meses de edad a producir respuestas bastante complicadas. Por ejemplo, algunos de los niños aprendieron a girar la cabeza hacia la derecha con el fin de recibir leche cuando se hacía sonar una campana y a volterla hacia la izquierda para recibirla cuando escuchaban un aparato zumbador. Niños de cuatro meses de edad pudieron ser condicionados para responder a una campana al hacer girar dos veces la cabeza hacia un lado y otras dos hacia el otro o a alternar los movimientos entre los giros de la cabeza hacia la derecha y hacia la izquierda. Pero Papousek no cree que los bebés simplemente fueron moldeados por recompensas para realizar estas respuestas complejas. Más bien sus observaciones de los niños, a medida que eran condicionados, lo llevaron a concluir que ellos *pretendían* aprender; las experiencias de condicionamiento simplemente sirven como incentivos para diseñar estrategias y resolver problemas, para experimentar y para buscar soluciones correctas. Por ejemplo, este autor advirtió que los niños a menudo parecían corregirse espontáneamente tan pronto como encontraban que no recibían leche del lado hacia el cual habían vuelto la cabeza; también actuaban como si esperaran la leche cuando producían la respuesta correcta.

Memoria. Los niños desarrollan la capacidad de recordar un hecho que ocurrió anteriormente —esto es, de almacenar experiencia— cuando tienen entre 2 y 3 meses de edad. Existen pruebas de esto en un estudio en el cual a niños de 10 semanas de edad se les mostraron repetidas veces una imagen de una cara proyectada sobre una pantalla ubicada en frente de ellos durante un segundo. Después de 10 o 15 ensayos, dejaron de responder al estímulo: se aburrieron y volvieron la vista hacia otro lado; se habían *habituado al estímulo.* Después cambió el estímulo; un tablero de ajedrez sustituyó a la cara. El cambio se apoderó de la atención de los niños, y ellos observaron intensamente al nuevo estímulo durante unos cuantos segundos. La mayor atención prestada al nuevo estímulo después de la habituación a otro estímulo ya presentado se llama *deshabituación.*

La habituación y la deshabituación son prueba de que los niños tienen una capacidad de recordar hechos. Los bebés no pueden responder a un estímulo como si fuese "familiar" o "diferente" a menos que tengan alguna clase de memoria de los acontecimientos anteriores.

Los niños de 10 semanas de edad pueden recordar un hecho durante 24 horas. A un grupo de bebés de esta edad se les mostró una pelota de color naranja que subía y bajaba sobre una plataforma durante unos pocos minutos. Veinticuatro horas después se les mostró de nuevo el mismo estímulo. Esta vez respondieron con menos intensidad y llegaron a aburrirse con él (esto es, se habituaron) en menor tiempo que los niños que veían el estímulo por primera vez. Aparentemente, el acontecimiento del día anterior fue reconocido como familiar; esto es, los infantes lo recordaban.

Piaget y la infancia

El reciente énfasis en los procesos cognoscitivos del bebé y su participación activa en el proceso de aprendizaje puede atribuirse, en gran medida, a la enorme influencia de las teorías de Jean Piaget, investigador de la Universidad de Ginebra, el más eminente psicólogo del desarrollo del siglo xx. Piaget es un agudo observador de los niños, y utiliza tanto la observación naturalista como las técnicas informales experimentales en su investigación. Los sujetos de sus primeras observaciones fueron sus propios hijos, pero subsecuenemente amplió grandemente la población que observaba.

Para Piaget, la inteligencia es la capacidad de adaptarse al medio ambiente y a situaciones nuevas, de pensar y actuar en formas adaptativas. Además, a juicio suyo, los niños siempre desempeñan una parte activa y creadora en su propio desarrollo cognoscitivo. Como lo veremos en el capítulo 3, el desarrollo cognoscitivo procede en una secuencia de etapas regular e invariable; esto es, todos los niños pasan por la misma sucesión de etapas de desarrollo. La secuencia no está determinada biológicamente ni es el resultado directo de la experiencia. En cambio, el desarrollo cognoscitivo es el resultado de una interacción continua entre la *estructura* del organismo y el medio ambiente. En cada una de las etapas, el niño tiene ciertas capacidades mentales y ciertas tendencias organizadoras, y ellas influyen en las formas en que el niño interactúa u "opera sobre" el medio ambiente y sus propias experiencias. La experiencia es un elemento necesario en el desarrollo cognoscitivo, pero la experiencia no dirige ni conforma el desarrollo; el niño activamente selecciona, ordena, organiza e interpreta sus experiencias.

De acuerdo con la teoría de Piaget, la primera etapa del desarrollo cognoscitivo, aquélla con la cual estamos interesados aquí, es el *periodo sensoriomotor,* que va desde el nacimiento hasta aproximadamente los 18 meses o los dos años de edad. Durante este tiempo, las percepciones de los niños mejoran y realizan acciones cada vez más complejas, pero no tienen representaciones mentales ni proceso de pensamiento que dependan del lenguaje simbólico. La inteligencia del niño progresa de los reflejos simples y la percepción vaga del medio ambiente hacia percepciones más distintas, complejas y precisas y hacia respuestas más sistemáticas y bien organizadas.

El periodo *sensoriomotor* se divide en seis fases. Durante el primer mes, los bebés ejercitan activamente los reflejos que están presentes en el nacimiento (las únicas "estructuras" mentales en este tiempo); como resultado, devienen modificadas, elaboradas y más eficientes. La segunda fase, que dura aproximadamente del primer al cuarto mes, comprende la *coordinación de reflejos y respuestas.* Los movimientos de la mano se coordinan con los movimientos del ojo; se mira hacia donde se escucha (reflejo de orientación); los niños alcanzan objetos, los cogen y los succionan. Si por azar un acto produce un resultado disfrutable, el bebé inmediatamente intenta repetir esta acción. Por ejemplo, si encuentra que succionar su mano es algo que se disfruta, comienza a realizar esfuerzos activos por introducir la mano en la boca.

En la tercera fase, que va aproximadamente desde los 4 a los 8 meses, los bebés comienzan a gatear y a manipular objetos. Muestran interés por el medio ambiente y comienzan a anticipar las consecuencias de sus actos, repitiendo *intencionalmente* las acciones que producen resultados interesantes y disfrutables. Por ejemplo, a los 4 meses de edad un niño golpea con sus pies a fin de columpiar un juguete suspendido sobre su cuna. Además, como ahora está interesado en el mundo objetivo, comienza a buscar los objetos que ha perdido de vista.

En la cuarta fase, el niño comienza a diferenciar los medios de los fines y utiliza respuestas previamente aprendidas para alcanzar metas. Así, si un juguete que desea está oculto de la vista del niño, éste activamente lo buscará y removerá un obstáculo con el fin de llegar hasta él.

La quinta fase, que comienza a los 11 o 12 meses de edad, se caracteriza por una experimentación activa, por una exploración en busca de novedades, la variación y modificación del comportamiento. Los niños parecen auténticamente interesados por las novedades y manifiestan una gran curiosidad. Experimentan mucho, dejar caer objetos tan sólo para verlos caer, empujan juguetes hacia ellos con cuerdas, y utilizan bastones para empujar las cosas que hay a su alrededor. Sus actividades devienen más deliberadas, constructivas y originales.

Entre los 18 meses y los 2 años de edad el niño está en la fase sexta y final del periodo sensoriomotor, que representa un progreso cognoscitivo muy importante. En esta fase vemos los comienzos reales de la capacidad de responder a o de pensar acerca de objetos o acontecimientos que no son inmediatamente observables. Los niños comienzan a *inventar* nuevos medios de alcanzar metas a través de "combinaciones mentales", esto es, por medio de la imaginación y de las ideas. Ellos "piensan" en un problema antes de intentar resolverlo, utilizan ideas e imágenes para inventar nuevas formas de alcanzar metas. Los objetos pueden ser considerados en nuevas relaciones entre sí. Así, un niño puede utilizar un bastón como herramienta para impulsar un objeto hacia sí aun cuando nunca haya utilizado antes un bastón para esto. La resolución de problemas, el recordar, planificar, imaginar y pretender son todos posibles en esta etapa.

Es obvio que los bebés realizan tremendos progresos cognoscitivos entre el nacimiento y los dos años de edad. Su desarrollo es gradual y continuo y no abrupto ni súbito. A partir de un estado indiferenciado en el cual difícilmente se distinguen a sí mismos del medio ambiente y pueden reaccionar sólo en actos reflejos, se desplazan hacia un nivel de verdadera inteligencia, hacia una etapa en la cual pueden representar objetos mentalmente, resolver problemas e inventar formas nuevas de hacer cosas.

3

Lenguaje, desarrollo cognoscitivo e inteligencia

En el caso de los niños normales, la infancia termina con los comienzos del lenguaje real. Como hicimos notar, en la teoría de Piaget el primer periodo del desarrollo cognoscitivo, el sensoriomotor, se ha completado cuando los niños comienzan a utilizar imágenes y símbolos, incluyendo el lenguaje, en su pensamiento. Más adelante volveremos a la teoría de Piaget del desarrollo cognoscitivo después de la infancia; antes examinaremos más de cerca a la adquisición del lenguaje y su influencia en el conocimiento.

Sería difícil sobreestimar la importancia del lenguaje en el desarrollo infantil. Una gran parte del aprendizaje del niño —en su casa, en el vecindario, en la escuela y derivado de los medios de comunicación masiva— depende del lenguaje, la base de toda comunicación social. El funcionamiento de la estructura social y la transmisión de la cultura de una generación a la siguiente dependen principalmente del lenguaje.

Cuando adultos, utilizamos el lenguaje en la mayor parte de nuestras funciones cognoscitivas: en el pensamiento, la abstracción, la formación de conceptos, la planificación, el razonamiento, el recuerdo, el juicio y la resolución de problemas. Sin embargo, esto no necesariamente quiere decir que el lenguaje *se requiera* para las funciones cognoscitivas, aunque algunos teóricos han argumentado que éste es el caso. La relación entre lenguaje y pensamiento es sumamente compleja y es tema de controversia. Muchos psicólogos estadounidenses y soviéticos afirman que el desarrollo del pensamiento depende del lenguaje. Afirman que en el curso de su desarrollo, el habla manifiesta del niño gradualmente se internaliza y, cuando esto ocurre, el lenguaje interno se utiliza cada vez más para organizar actividades y para regular actos. Vygotsky, famoso psicólogo ruso, afirmó que los actos de los niños están "mediados a través de las palabras." Por consiguiente, difícilmente resulta sorprendente que las capacidades cognoscitivas de los niños progresen en forma marcada a medida que adquieren el lenguaje y mejora su fluidez verbal. Después de que los niños adquieren algunos nombres o rótulos que se aplican a los objetos o acontecimientos, como "perro" o "la abuela viene", es probable que reaccionen en la misma forma ante todos los estímulos que tienen estos rótulos (acercarse y acariciar a todos los animales cuadrúpedos denominados perros y sonreír cuando llega la abuela). Esto se conoce como *mediación verbal o generalización mediada*, y muchos han recalcado la importancia de tal mediación en la formación de conceptos, en la abstracción, en la resolución de problemas, en el pensamiento y en el aprendizaje.

El punto de vista de Piaget contrasta agudamente con esto. Según Piaget, el lenguaje desempeña sólo un papel limitado, aunque importante, en la formación del pensamiento del niño. No niega que el lenguaje interno en ocasiones controla al comportamiento, pero afirma que el lenguaje no conforma al pensamiento; el pensamiento supone algo más que el lenguaje. Aunque en forma sensoriomotora, la inteligencia comienza a desarrollarse antes que el lenguaje, y existen pruebas de que los bebés utilizan imágenes en su pensamiento, aun cuando todavía no empleen el lenguaje (véase el capítulo 2). Además, los niños sordos sólo padecen una ligera deficiencia en muchas tareas intelectuales y cognoscitivas, incluyendo pruebas de razonamiento, aunque estos niños sean considerablemente retardados en lo que concierne a capacidad verbal. En resumen, aunque el lenguaje se utiliza a menudo en el pensamiento, es posible pensar sin utilizar el lenguaje. Por estas razones, Piaget cree que el pensamiento no depende completamente del lenguaje.

John Flavell, uno de los principales investigadores y estudiosos del área del conocimiento, presenta el punto de vista de Piaget de la siguiente manera:

Hay razones para pensar que el desarrollo lingüístico es, en buena parte, cuestión de aprender cómo *lo que ya se sabe* se expresa en su lengua nativa... Por ejemplo, los niños de 12 a 24 meses de edad pueden agrupar en forma inteligente (clasificar) y ordenar objetos manualmente sobre la base de diversas relaciones funcionales y físicas que mantienen entre sí los objetos, aun cuando puedan no estar en condiciones de nombrar a la mayor parte de estas categorías y relaciones... Los meses de actividad sensoriomotora del niño muy pequeño le han proporcionado mucho de esta clase de conocimiento no codificado acerca de cómo los objetos pueden relacionarse entre sí, y queda por indicar todo este conocimiento en un sistema lingüístico, de manera que él pueda decirse a sí mismo y decir a otros lo que ya conoce implícitamente. Piaget y otros psicólogos asumen la posición, pues, de que el desarrollo del lenguaje sigue principalmente los pasos del desarrollo cognoscitivo general, y no al revés.*

Sin embargo, una vez adquirido, el lenguaje se convierte en el más importante de nuestros sistemas simbólicos e indudablemente facilita el pensamiento, el razonamiento, la formación de conceptos, el aprendizaje y el recuerdo. Poco tiempo después de que han adquirido el lenguaje, los niños muy pequeños utilizan palabras al tratar de resolver problemas, a menudo hablándose a sí mismos, pensando en voz alta y guiando sus acciones con su lenguaje: "Voy a buscar una vara... y después voy a empujar esa caja para sacarla del camino..."

El rotulamiento verbal y el ensayar a menudo son actividades efectivas para facilitar la memoria, aunque los niños pueden recordar escenas y objetos que no pueden denominar de manera precisa. Los problemas complejos se resuelven más fácilmente si los mediadores verbales se utilizan para rotular las partes componentes y para guiar las acciones. Esto quedó espectacularmente ilustrado en un estudio ruso en el cual se mostró a los niños cuadros que representaban alas de mariposa y se les construyó para que igualasen éstas con otras similares que figuraban en un gran despliegue. Las igualaciones debían hacerse sobre la base de patrones de marcas en las alas, tarea difícil debido a que el patrón no podía ser fácil o rápidamente separado del color. A un grupo experimental se le enseñaron rótulos (palabras que representaban puntos y rayas) para describir diversos motivos. Estos niños pudieron hacer las igualaciones en forma mucho más precisa que un grupo control de niños a los cuales no se les proporcionó ninguna palabra descriptiva. Asignarles rótulos (mediadores verbales) dio a los motivos algún carácter distintivo que hizo más fácil la tarea de igualación.

DESARROLLO DEL LENGUAJE

Desde fines de la década de 1950 el campo de la psicolingüística —el estudio psicológico del lenguaje y su desarrollo— ha llegado a alcanzar gran prominencia y productividad. Se han registrado y analizado minuciosamente grandes muestras de vocalizaciones y del lenguaje de los niños, pero el proceso de adquisición del lenguaje todavía no se comprende claramente. Es claro que las experiencias de los niños ejercen efectos poderosos sobre su adquisición del lenguaje; los bebés aprenden a hablar el lenguaje que escuchan expresar a los demás que hablan a su

* J. Flavell, *Cognitive Development*. Englewood Cliffs, N. J.: Prentice-Hall, Inc., 1977, pág. 38.

alrededor. Los niños no pueden adquirir rótulos o conceptos de las cosas que no son parte de la cultura en la cual crecen. Si los *wigwams* (tinedas) o los iglúes son desconocidos en su cultura, no pueden formar conceptos de estas cosas. Un niño estadounidense adquiere sólo un rótulo correspondiente al arroz; un niño indonesio posee denominaciones para muchos tipos de arroz y diferencia entre arroz con cáscara, arroz maduro, pero todavía no cosechado, arroz hervido, y así sucesivamente.

Los psicolingüistas presentan argumentos impresionantes en favor de que los factores biológicos —estructuras "inherentemente" construidas en el organismo humano— también desempeñan papel importante en el desarrollo del lenguaje. El desarrollo de los fonemas, los sonidos más elementales del lenguaje, sigue una secuencia invariante que sugiere fuertemente una base madurativa. Los sonidos formados en la parte trasera de la boca, como la *j,* por lo regular son los que aparecen primero y disminuyen en cuanto a frecuencia relativa a medida que los sonidos en que entran en juego los dientes y los labios se vuelven más comunes. Los niños de todas las naciones y culturas producen los mismos sonidos y en el mismo orden. Los niños ingleses y los estadounidenses pronuncian las r nasales y guturales francesas tan bien como los sonidos de las vocales alemanas, y los bebés sordos pronuncian los mismos fonemas —y aproximadamente al mismo tiempo— que los niños que pueden oír normalmente. Todos los bebés gorjean y balbucean, repitiendo el mismo sonido una y otra vez (por ejemplo, "da da da da") desde aproximadamente el tercer mes hasta el fin del primer año, y la imitación del lenguaje de los adultos por lo general comienza aproximadamente a los nueve meses de edad. Sin embargo, los sonidos nuevos no se aprenden por imitación, los bebés imitan sólo aquellos sonidos que ya han pronunciado espontáneamente.

La prueba más impresionante de que las capacidades "inherentemente construidas" revisten importancia abrumadora en la adquisición de lenguaje es el desarrollo sorprendentemente rápido de la comprensión y el uso del lenguaje por parte del niño, particularmente su temprano dominio de la gramática. Incluso la observación casual atestigua el hecho de que la comprensión del lenguaje por lo regular precede a la ejecución lingüística. Un niño de aproximadamente 10 meses de edad responde a las órdenes simples pero no pronuncia una palabra real sino hasta unos pocos meses después. Cuando se les pide hacerlo, los niños de entre 10 y 14 meses de edad tienen pocas dificultades para encontrar objetos comunes tales como cucharas, sombreros y carritos de juguete, aun cuando todavía no utilicen las palabras para denominar estos objetos en su propio lenguaje. Además, los niños de esta edad comprenden algunas combinaciones complejas de palabras. Un niño de 15 meses de edad produjo, en un estudio sobre el desarrollo, sólo dos palabras, una correspondiente a perro y a otros animales (*di*) y otra para negar solicitudes (*uh-uh*), pero cumplió correctamente con las solicitudes del investigador de "muéstrame la botella de la nena" (su hermana) y "dame tu botella". Aunque el niño podía producir relativamente poco lenguaje, ya tenía las destrezas cognoscitivas que lo ponían en condiciones de hacer las distinciones entre *dar* y *mostrar, tuya* y *de la nena,* y había almacenado algún conocimiento acerca de cómo se interpretan las combinaciones de palabras.

Los niños por lo general pronuncian su primera palabra aproximadamente a los 12 meses de edad. Esto generalmente es una sílaba simple o doble tal como *da-da* o *ma-ma,* refiriéndose a alguna persona muy destacada, a algún animal u objeto. La palabra puede funcionar como una oración completa; "da-da" puede significar "¿dónde está papá?", "veo a papá", o bien, acompañada por un acto de señalar hacia un zapato en el piso "ese zapato es de papá". Aproximadamente a los 18 meses de edad, los niños de todas las culturas comienzan a unir las oraciones primitivas simples ("ve zapato"; "dónde perrito", "más leche", "adiós coche"). Estas oraciones iniciales son esencialmente versiones abreviadas, o *telegráficas,* de oraciones de adultos, compuestas fundamentalmente de sustantivos y verbos y unos pocos adjetivos. Ordinariamente no incluyen preposiciones tales como *en, sobre* o *debajo,* artículos como *un* o *el,* verbos auxiliares como *haber* o los verbos *estoy, está* o *están.* Después de unos cuantos meses de producir estas oraciones simples de dos palabras, el niño comienza a formar grupos de palabras más grandes en oraciones. Y cuando tiene 3 o 4 años, los niños pronuncian oraciones que revelan su dominio de la estructura compleja de su propio lenguaje. En el corto periodo de 2 a 2½ años, los niños alcanzan casi la forma de hablar de los adultos.

Se ha estimado que, cuando tienen 6 años, los niños estadounidenses tienen vocabularios de entre 8 000 y 14 000 palabras. ¡Esto significa que han agregado un promedio de cinco a ocho palabras al día entre las edades de 1 y 6 años!

Lo que es más importante, los niños muy pequeños continuamente producen oraciones nuevas —generan expresiones que nunca antes habían escuchado— y estas oraciones se conforman a las reglas gramaticales del propio lenguaje infantil, algunas de las cuales son muy complejas. El habla de los niños de 3 a 4 años de edad revela que han adquirido un conocimiento sustancial de importantes reglas gramaticales que gobiernan el orden de las palabras, la formación de los plurales y los tiempos pasado y futuro. Una destacada demostración del dominio del niño muy pequeño de las reglas abstractas y generales del lenguaje ha sido proporcionada por Slobin, quien analizó el siguiente intercambio simple de palabras entre una madre y su hijo de 3 años:

Madre: ¿A dónde ibas con tu abuelo?
        (Where did you go with Grandpa?)
Niño: Íbamos en el parque.
        (We goed in the park).

La respuesta del niño muestra que comprende todos los elementos principales de la pregunta de la madre: se le pregunta acerca del movimiento dirigido, hacia una meta, donde entran en juego el que escucha y un participante, y en tiempo pasado. La respuesta también refleja el conocimiento del niño de las reglas de la construcción de oraciones, de manera que puede originar una oración apropiada por su cuenta. Por ejemplo, el uso de *nosotros* responde al uso que hace la madre del *tú*. La palabra íbamos (*goed*), aunque constituye un error desde el punto de vista de un adulto que hable inglés, revela que el niño ha adquirido las reglas de formación de los tiempos pasados en inglés, agregando las letras *ed* a la forma del verbo en nominativo; y el niño simplemente ha sobregeneralizado esta regla y trató a una palabra irregular como si fuera regular. La frase "en el parque" muestra que el niño tiene sólo un dominio parcial de las reglas inglesas para hablar acerca de las metas del movimiento dirigido.

Este dominio de reglas sumamente abstractas y generales es una realización formidable para un niño muy pequeño, y se logra con gran rapidez. Tales realizaciones, que son universales, probablemente no serían posibles a menos que existiera alguna capacidad biológica innata para la adquisición de lenguaje, a menos "que el niño llegue a las tareas preparado, en alguna forma, para procesar... datos [lingüísticos]... y para formar estas clases de estructura que son características del lenguaje humano."* Muchos psicolingüistas, por lo tanto, han concluido que el niño "creativamente construye el lenguaje por su cuenta, de acuerdo con capacidades *innatas e intrínsecas*... desarrollando nuevas teorías de la estructura, modificando y eliminando teorías antiguas a medida que avanza [cursivas del autor]."†

La mayor parte de la investigación en psicolingüística se ha concentrado en la adquisición de la gramática y la sintaxis, pero existe un interés creciente en el problema de la semántica, de lo que *significa* el lenguaje del niño. La misma combinación simple de dos palabras puede

---

* D. I. Slobin, *Psycholinguistics*, 2a. ed. (Glenview Ill.: Scott, Foresman & Company), en prensa
† *Ibid.*

tener muchos sentidos diferentes que deben ser inferidos de los contextos en donde se producen las oraciones. Así, las palabras "sombrero nene" utilizado en diferentes contextos puede significar "Ese es el sombrero del bebé" (apuntando hacia un sombrero) o "Mamá se está poniendo mi sombrero". El niño intenta expresar toda una diversidad de significados, pero no puede expresar todavía estas diferentes connotaciones. Es interesante saber que independientemente de la cultura en la cual viven y del lenguaje que escuchan pronunciado a su alrededor, todos los bebés expresan los mismos pensamientos en sus primeras oraciones, pensamientos que reflejan los intereses y las capacidades de la etapa sensoriomotora del desarrollo. Análisis de las primeras oraciones de niños ingleses, alemanes, rusos, finlandeses, turcos, samoanos y kenianos revelan que:

> ...existe una notable uniformidad entre niños y entre lenguajes en las clases de significado manifestado en expresiones simples de dos palabras, lo que sugiere que el desarrollo semántico está estrechamente vinculado al desarrollo cognoscitivo general. La siguiente diversidad de relaciones semánticas es típica del habla infantil inicial:

Identificación	*ve perrito*
Ubicación	*libro ahí*
Repetición	*más leche*
Inexistencia	*se acabó*
Negación	*no lobo*
Posesión	*mi dulce*
Atribución	*carro grande*
Agente-acción	*mamá camina*
Acción-objeto	*pegarte*
Agente-objeto	*mamá libro*
Acción-ubicación	*sentar silla*
Acción-recipiente	*dar papel*
Acción-Instrumento	*cortar cuchillo*
Pregunta	*¿dónde pelota?*

La universalidad de tal lista es impresionante.*

EL PENSAMIENTO DEL NIÑO

El pensamiento preoperacional

A medida que el lenguaje del niño deviene más complejo, aparecen nuevos procesos cognoscitivos y las destrezas intelectuales se incrementan.

* D. I. Slobin, "Seven Questions About Language Development", en *Psychology, 1972*, ed. P. C. Dodwell (Londres: Penguin, 1972).

El segundo periodo amplio del desarrollo intelectual según Piaget es el *preoperacional,* que se extiende desde aproximadamente los 1½ años hasta los 7 años de edad. Recuérdese que al final del primer periodo del desarrollo cognoscitivo, el sensoriomotor, el niño manipula objetos y los utiliza como un medio de alcanzar sus fines. Todo el pensamiento y el razonamiento del niño, sin embargo, está limitado a los objetos y a los acontecimientos que están inmediatamente presentes y que se perciben directamente. Por el contrario, en el periodo preoperacional, el niño comienza a utilizar *símbolos mentales* —imágenes o palabras— que significan o *representan* objetos que no están presentes. Se encuentran ejemplos sencillos en el juego del niño: una bicicleta puede ser un aeroplano, una caja se convierte en casa y un trozo de tela se utiliza como una túnica. El uso de símbolos también se ve en la *imitación diferida,* esto es, la imitación de un modelo que ya no está presente. El siguiente ejemplo de imitación diferida se ha tomado de una de las observaciones que realizó Piaget de su hija, cuando ella tenía 16 meses de edad.

> [Jacqueline] recibía la visita de un niño [de dieciocho meses] al cual ella acostumbraba ver de vez en cuando y que, en el curso de la tarde, fue víctima de un terrible acceso de cólera. Lloró cuando trató de salir de su corral de juego y lo empujó hacia atrás, golpeando con sus pies. J. se quedó viéndolo sorprendida, pues nunca antes había presenciado tal escena. Al día siguiente, ella lloró en su corral de juegos y trató de moverlo, empujándolo levemente con sus pies varias veces en sucesión.†

Como el modelo no estaba presente en el momento en que ella imitó su comportameinto, puede inferirse que Jacqueline tenía una representación mental del berrinche y basó su comportamiento en eso. Debido a que pudo simbolizar la acción del niño en esta forma, pudo imitar su comportamiento en un momento posterior.

Piaget no considera que el uso más temprano que hace el niño de las palabras, durante el periodo sensoriomotor, sea simbólico; en cambio, durante este periodo las palabras son concretas, guardan una relación íntima con las actividades o los deseos actuales de los niños. Durante el periodo preoperacional, sin embargo, el niño gradualmente comienza a utilizar palabras para representar objetos o acontecimientos ausentes. Cuando tenía 23 meses de edad, Jacqueline volvió de un viaje e informó a su padre que "Roberto llora, los patos nadan en lago, se fueron". Ella pudo utilizar palabras para significar estos acontecimientos pasados.

---

† J. Piaget, *Play, Dreams and Imitation in Childhood* (Nueva York: **W. W.** Norton & Co., 1962), pág. 63.

Durante la primera parte de la etapa preoperacional, aproximadamente entre las edades de 2 y 4 años, los niños son egocéntricos, esto es, están centrados en sí mismos. Son incapaces de tomar el punto de vista de otra persona. Esto se ve claramente en el lenguaje y en la comunicación de los niños: hacen poco esfuerzo real por adaptar lo que dicen a las necesidades del que escucha. Los pensamientos de los niños también son egocéntricos. Tal como los ven, la luna, el sol y las nubes los siguen.

Los niños entre los 2 y los 4 años de edad no tienen una concepción real de los principios abstractos que guían a la clasificación. Si se les presenta a niños muy pequeños un grupo de formas geométricas (por ejemplo, cuadrados, círculos, triángulos y estrellas) y se les pide que "junten las cosas que son similares", ellos no utilizan principios guías generales al realizar la tarea. En ocasiones, las semejanzas determinan qué es lo que se agrupa; otras veces, agrupan las cosas sobre lo que parece ser una base aleatoria: círculos azules y triángulos amarillos o un cuadrado rojo y dos círculos azules. Los niños entre los 5 y los 7 años de edad producen clases reales de objetos, agrupándolos sobre las bases de tamaño, forma o color. Pero ni siquiera en esta edad los niños pueden tratar con lo que Piaget llama *inclusión de clase*: no pueden razonar simultáneamente acerca del todo y de una parte de ese todo. Por ejemplo, si mostramos a un niño de 5 años de edad diez rosas rojas y cinco rosas amarillas y le preguntamos si hay más rosas rojas o más rosas, probablemente contestará que existen más rosas rojas. Cuando el sujeto trata con una subclase, la clase mayor queda destruida; no puede concebir que una flor pueda pertenecer a dos clases al mismo tiempo.

Tampoco el niño preoperacional es capaz de manejar problemas de *ordenación,* o, como Piaget los denomina, de *seriación.* En uno de los estudios de Piaget, se les dio a los niños 10 varitas que diferían sólo en tamaño. Se les pidió que escogieran la varita más pequeña. Después de esto, se les dijo: "Ahora trata de poner primero la varita más pequeña, después la que sea un poquito más grande, luego la que siga en tamaño, y así sucesivamente". Los niños de 4 años de edad no lograron resolver satisfactoriamente este problema. Algunos de ellos hicieron arreglos aleatorios; otros ordenaron unas pocas varitas, pero no todas ellas.

Los conceptos de los niños preoperacionales y su comprensión de las situaciones probablemente estén determinados por sus percepciones inmediatas, y a menudo perciben sólo un aspecto saliente de un objeto o acontecimiento particular. Por lo general no relacionarán aspectos diferentes o dimensiones distintas de una situación con otra. Por ejemplo, en un experimento, a un niño se le dieron dos bolitas iguales de arcilla y se le pidió que hiciera rodar una de ellas, presionándola hasta darle forma de salchicha larga, o que la aplanara hasta formar una tortilla, o bien que la dividiera en pedazos pequeños. Entonces se le preguntó si la cantidad de arcilla había disminuido, aumentando o permanecía igual. La mayor parte de los niños de 5 y 6 años de edad piensan que un cambio de forma necesariamente produce un cambio de cantidad. Al ser capaz de tener en cuenta sólo una dimensión (como la longitud) a la vez, un niño de esta edad probablemente informará que la salchicha contiene más arcilla que la pelota debido a que es más larga.

O bien, en una situación paralela, se le presentan a un niño dos vasos idénticos, cada uno de los cuales contiene la misma cantidad de jugo (fig. 3.1). Después de que el niño conviene en que cada uno de

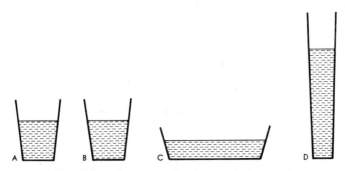

FIGURA 3.1.   Conservación de cantidades continuas.

los vasos contiene la misma cantidad de jugo, el líquido se vierte de uno de los vasos a un tercero, más corto y más ancho. La columna de líquido en el tercer vaso, es por lo tanto, más corta y más ancha que la del otro vaso. Ahora se pregunta al niño si los dos vasos contienen cantidades iguales. El niño preoperacional probablemente juzgará que la cantidad de líquido cambia con el cambio de aspecto, por ejemplo, que hay mayor cantidad de jugo en el vaso más alto y más delgado debido a que el nivel del líquido es más alto en ese vaso. Los niños que se encuentran en esta etapa no se dan cuenta todavía de que a medida que cambia el nivel del líquido, ocurre un cambio correspondiente en el ancho, que compensa el cambio de nivel.

El periodo de las operaciones concretas

El siguiente periodo amplio del desarrollo cognoscitivo, el de las *operaciones concretas*, comienza aproximadamente a los 7 años de edad.

Durante este periodo, las deficiencias del periodo preoperacional son, en gran medida, superadas. Los niños adquieren el concepto de *conservación*, o lo que Piaget denomina el *principio de invariancia*. Si se le plantean los problemas acerca de la cantidad de arcilla que hay en la pelota o en la salchicha, o acerca de la cantidad de líquido en los vasos, comprenden que las cantidades no cambian tan sólo porque cambia la forma. Probablemente razonarán que "si se convierte de nuevo a la salchicha en pelota, nuevamente se verá que no se ha agregado ni tampoco se le ha quitado nada", o al hablar del líquido pueden decir que "lo que se ha ganado en altura se ha perdido en anchura."

Además, adquieren el concepto de *reversibilidad*, la idea de que, en el pensamiento, los pasos dados pueden desandarse, las acciones pueden cancelarse y que puede restaurarse la situación original. Así, al hacer una salchicha con una pelota de arcilla, la disminución en la altura de la pelota se compensa con el aumento de su longitud, de manera que se conserva la misma cantidad de barro. El número 2 puede elevarse al cuadrado para obtener 4, y al extraer la raíz cuadrada de 4 se produce 2. Utilizando el concepto de reversibilidad, los niños pueden interrumpir una secuencia de pasos en la resolución de problemas si advierten que no obtienen éxito, y pueden volver mentalmente al principio y comenzar de nuevo.

Los niños operacionales logran éxito en otras tareas en donde fallan los niños preoperacionales. Tienen nociones más avanzadas de las clases en sentido abstracto y pueden clasificar objetos sobre la base de características tales como forma, color y tamaño. También comprenden las *relaciones*; por ejemplo, reconocen que un objeto puede pertenecer tanto a clases como a subclases simultáneamente (las flores blancas son una subclase de las flores, y un ramillete tiene más flores que flores blancas). Si bien los niños preoperacionales piensan en términos absolutos —luminoso u oscuro, grande o pequeño— y parece que no comprenden los términos relacionales, los niños que están en el periodo de las operaciones concretas piensan en términos de más largo, más alto, más ancho. Se dan cuenta de que un hermano debe ser el hermano de alguien más, de que un objeto puede ser más grande o más pequeño —o estar a la izquierda o a la derecha— en comparación con alguna otra cosa. Cuando se le da un conjunto de varitas, el niño operacional puede ordenarlas fácilmente por tamaños. El plan o la estrategia general del niño al clasificar y seriar muestra una comprensión de las *relaciones* entre las cosas observadas.

Las realizaciones cognoscitivas de la etapa de las operaciones concretas hacen que el pensamiento de los niños en este periodo sea mucho más sólido y flexible de lo que fue antes. Son capaces de realizar procesos lógicos elementales —o de lo que Piaget llama *operaciones*— razonar en forma deductiva, de la premisa a la conclusión, en forma lógica. Pero lo hacen en formas limitadas y elementales, aplicando la lógica sólo a acontecimientos, percepciones y representaciones concretos de ellas. No piensan en términos abstractos ni razonan acerca de proposiciones verbales o hipotéticas. Así, mientras los niños de 8, 9 o 10 años de edad no tienen dificultades para ordenar una serie de muñecas o de varas atendiendo a su altura, sí experimentan dificultades con problemas verbales como el siguiente: "Edith es más alta que Susana; Edith es menos alta que Lilia; ¿cuál es la más alta de las tres?"

Memoria

La capacidad de recordar de un niño —de almacenar información y de recobrarla posteriormente— también mejora con la edad, en particular durante el periodo de las operaciones concretas. La memoria comúnmente se somete a prueba al leer una serie de números o de sílabas sin sentido (KIB, NOL) al instruir al sujeto para que las repita o al mostrarle una serie de imágenes y pedir al niño que las recuerde o reconozca unos minutos después (memoria de corto plazo) o después de un periodo más largo (memoria de largo plazo). Los niños de cuatro años de edad pueden recordar tres de cuatro números inmediatamente después de escucharlos, en tanto que los niños de 12 años de edad recuerdan seis o siete.

Las razones de las diferencias de edad en la capacidad para recordar no son totalmente claras, pero algunos datos sugieren que los niños de mayor edad han aprendido a utilizar determinadas estrategias al almacenar la información, en tanto que los niños menores no han adquirido todavía dichas estrategias. Por ejemplo, la repetición de una lista de palabras u objetos (repetírsela a sí mismo) durante el intervalo entre la presentación y el tiempo en que se somete a prueba a la memoria, produce una memoria mejorada por estos estímulos. Los niños mayores probablemente ensayarán en esta forma, espontáneamente pero los de menor edad no lo harán. Por ejemplo, en un experimento, a niños de las edades 5, 7 y 10 años se les mostraron imágenes de siete objetos, y un experimentador señaló lentamente a tres de ellos. Los niños habían sido instruidos para que posteriormente señalaran las mismas imágenes en el mismo orden en que lo hizo el experimentador. Un investigador que podía leer el movimiento de los labios observó atentamente a los niños y encontró que la repetición espontánea del orden seguido por el investigador se incrementaba al aumentar la edad; muy pocos niños de 5 años de edad, un poco más de la mitad de los de 7 años, y casi todos los niños de 10 años ensayaban el orden seguido. Subsecuentemente, niños de 6 años de edad participaron en un experimento utilizando los mismos procedimientos. Algunos de ellos repetían espontáneamente el orden de las imágenes, en tanto que otros no. Los "recitadores espontáneos" recordaron la secuencia mejor que los que no practicaron el ensayo. Los no repetidores recibieron adiestramiento para practicar el ensayo, y, cuando lo hicieron así, su memoria aumentó al nivel de los repetidores espontáneos.

La organización de material que debe recordarse (por ejemplo, el agrupamiento o la aglomeración de palabras estímulo en categorías tales como animales o utensilios de cocina) y la creación de imágenes mentales o el descubrimiento de algunas formas de asociar dos o más cosas que deben recordarse (por ejemplo, el hallazgo de alguna característica común entre ellos) también son estrategias efectivas para mejorar el recuerdo. Los niños de mayor edad tienen más probabilidades que los menores de utilizar esas estrategias deliberadamente y en forma espontánea. Las diferencias de edad en la capacidad para recordar pueden atribuirse principalmente a diferencias en la inclinación a utilizar estas estrategias.

Operaciones formales

El tratar con expresiones verbales de relaciones lógicas requiere "operaciones formales" —en contraste con las "operaciones concretas"— y los niños habitualmente no las utilizan hasta la edad de 11 o 12 años. A juicio de Piaget y de Inhelder (su principal colaborador), la aplicación de reglas y razonamientos lógicos a problemas y proposiciones abstractos constituye la esencia de la capacidad intelectual madura. Esta etapa final del desarrollo intelectual, la etapa de las operaciones formales, comienza al iniciarse la adolescencia. El adolescente puede razonar en forma deductiva, formular hipótesis acerca de soluciones de problemas y tener presentes simultáneamente distintas variables. Es capaz de practicar el razonamiento científico y la lógica formal, y puede seguir la *forma* de un argumento al mismo tiempo que ignora su contenido concreto, de aquí el término *operaciones formales*.

En contraste con los niños operacionales que se interesan sólo por los objetos, percepciones y representaciones concretos de estos objetos, los adolescentes parecen preocupados por el pensamiento. Consideran sus propios pensamientos como un objeto y piensan en el pensamiento, evaluando su lógica, sus ideas y pensamientos, así como la lógica, las ideas y los pensamientos de los demás. Consideran las leyes generales así como las situaciones reales, y se preocupan por lo que es posible desde un punto de vista hipotético así como por la realidad. Su dependencia de la percepción o manipulación de objetos concretos se reduce enormemente; ya no necesitan limitar sus atenciones a la situación inmediata. Al cumplir 15 años, los adolescentes resuelven problemas al analizarlos en forma lógica y al formular hipótesis relativas a *posibles* resultados acerca de lo que *podría* ocurrir. Las hipótesis pueden ser complejas, suponiendo muchas combinaciones de resultados posibles. Con todo, la persona que ha alcanzado la etapa de las operaciones formales intenta someter a prueba las hipótesis, ya sea mentalmente o, en realidad, por medio de experimentos.

La capacidad del adolescente de pensar en forma científica se ilustra claramente por un experimento reportado por Inhelder y Piaget. A un sujeto se le presentan cinco botellas que contienen un líquido incoloro. Los contenidos de las botellas 1, 3 y 5, al ser combinados, producen un líquido de color castaño; la cuarta contiene una solución reductora del color; y la segunda es neutral. El problema consiste en producir la solución de color pardo. Los adolescentes en la etapa de las operaciones formales descubren la solución poco a poco, al combinar en forma lógica las diversas posibilidades y al determinar la efectividad o neutralidad de cada uno de los líquidos.

EL DESARROLLO DE LA INTELIGENCIA

El análisis de las investigaciones de Piaget en la sección anterior se concentró en las descripciones *cualitativas* de los cambios que tienen lugar a medida que maduran las capacidades cognoscitivas del niño. En este enfoque, el desarrollo mental se considera como una serie de etapas, una sucesión de nuevas organizaciones o estructuras mentales que son los cimientos de la aparición de nuevas capacidades mentales.

Los psicólogos estadounidenses tradicionalmente han asumido otro enfoque, más cuantitativo, del problema del desarrollo mental. Se trata de la *prueba mental* o *método psicométrico,* que recalca las *diferencias individuales* de inteligencia y los factores que subyacen a dichas diferencias. La inteligencia se define en términos de puntuaciones obtenidas en una prueba, y el desarrollo intelectual se mide por la creciente capacidad del niño de aprobar más ítemes —y reactivos más difíciles— en una prueba de inteligencia a medida que crece. Se concede poca importancia a los procesos o a los componentes de la capacidad mental que sustentan los cambios en la capacidad general.

Las puntuaciones en las pruebas de inteligencia por lo general se expresan en términos de un cociente de inteligencia, o CI, definido como la proporción que existe entre la *edad mental* (EM), que es una puntuación basada en la ejecución en una prueba de inteligencia, y la *edad cronológica* (EC), multiplicado por 100 (CI = EM/EC × 100). Por ejemplo, si un niño de 7 años tiene una edad mental de 7, el CI es de 100 (promedio de la población en general). Si el sujeto tiene una edad mental de 6, el CI es 85, que comúnmente se considera como dentro del rango de "promedio bajo", en el cual incide el 25% de la población. Con una edad mental de 10, el CI es 10/7 × 100, o 143, en el nivel "muy superior", donde incide el 1% de la población. Sólo el 3% cae por debajo de un CI de 70, el límite superior del rango de la deficiencia mental.

Las puntuaciones de CI han sido utilizadas muy ampliamente en las evaluaciones clínicas, en el asesoramiento educativo, y en la asignación escolar debido a que la puntuación señala inmediatamente en dónde cae la categoría mental de cada persona en comparación con otros de su misma edad. Sin embargo, el uso de pruebas de inteligencia, con su énfasis en las diferencias individuales, recientemente ha suscitado muchos cuestionamientos sociales importantes y se ha convertido en una fuente de grandes controversias. Un problema crítico tiene que ver con el uso de las pruebas de inteligencia con niños de antecedentes de grave privación y pobreza. Se relacionan con éste los problemas de los determinantes hereditarios de la inteligencia, diferencias raciales y socioeconómicas en la ejecución de las pruebas intelectuales y la estabilidad del CI con el transcurso del tiempo (desde la primera infancia hasta la adolescencia, por ejemplo). Éstos son los problemas hacia los cuales concentraremos nuestra atención.

LA NATURALEZA DE LA PRUEBA DE INTELIGENCIA

Al definir la inteligencia, la mayor parte de los evaluadores —así como los psicólogos que han elaborado las pruebas de inteligencia— recalcan la capacidad de pensar en términos abstractos y de razonar, junto con la capacidad de utilizar estas funciones con *propósitos adaptativos*. Piaget considera a la inteligencia como un caso específico de comportamiento *adaptativo,* de hacer frente al medio ambiente y de organizar (y reorganizar) el pensamiento y la acción. Todas las pruebas de inteligencia contienen reactivos que canalizan las clases de funciones con las cuales trata Piaget: resolución de problemas, razonamiento, pensamiento abstracto. Casi todas las pruebas de inteligencia útiles y válidas guardan una alta correlación con, y probablemente dependen de, la fluidez del lenguaje; todos los aspectos de la capacidad del lenguaje tienden a guardar una correlación positiva con las puntuaciones en las pruebas de inteligencia.

Pruebas de inteligencia infantil. Debido a que las capacidades lingüísticas de los bebés y su competencia intelectual no están bien desarrolladas en los primeros años, resulta difícil evaluar su inteligencia. Sin embargo, por muchas razones, es sumamente útil contar con tales evaluaciones. Muchos padres están ansiosos de tener la certeza de que sus hijos son normales. Si el retardo mental o la deficiencia neurológica pueden ser diagnosticados en un momento oportuno, puede darse a los padres un asesoramiento y guía más efectivo. Las evaluaciones válidas y tempranas de la inteligencia también tendrían un gran valor para asignar niños huérfanos a padres adoptivos o para canalizarlos a hogares adoptivos. En consecuencia, se han desarrollado diversas pruebas para bebés. La más destacada y la que más se utiliza entre ellas, que consiste primariamente de reactivos perceptivos y sensoriomotores, es la Escala Bayley de Desarrollo Infantil, elaborada después de muchos años de intensa investigación. La tabla 3.1 enlista algunos ítemes de dicha investigación con las ubicaciones según la edad de estos reactivos (la edad promedio a la cual los niños pueden ejecutar la tarea).

Por desgracia, tales pruebas tienen sólo un valor limitado. Pueden ser útiles para ayudar a diagnosticar deficiencia mental grave, defecto

TABLA 3.1 Ejemplos de reactivos de pruebas de inteligencia tomados de la Escala Bayley de Desarrollo Infantil.

Reactivo	*Ubicación según la edad (meses)*
Responde a la voz	0.7
Reconoce visualmente a la madre	2.0
Gira la cabeza ante el sonido de un zumbador	3.9
Levanta la taza asiéndola	5.8
Responde a la solicitud verbal (por ej., despide con un ademán de adiós)	9.1
Imita palabras	12.5
Utiliza ademanes para hacer conocer sus necesidades	14.6
Imita los trazos al crayón	17.8
Sigue direcciones al señalar las partes de una muñeca	19.5
Utiliza oraciones de dos palabras	20.6
Señala tres imágenes	21.9
Nombra tres objetos que se le han mostrado	24.0

neurológico o incapacidades específicas en responsividad social, visión, lenguaje y audición en los niños muy pequeños, pero no pueden predecir cuál será la inteligencia posterior de un niño. Las puntuaciones en estas pruebas de inteligencia aplicadas antes de los 18 meses son absolutamente infructuosas para predecir las capacidades intelectuales de los niños cuando cumplen la edad escolar.

¿Por qué existe tan poca correlación entre las capacidades medidas por estas pruebas para niños y la inteligencia posterior? Lo que es más importante, clases enormemente diferentes de capacidades se canalizan a diferentes edades. A medida que el lenguaje de un niño llega a estar más desarrollado y mejoran sus capacidades cognoscitivas, los reactivos que comprenden estas funciones predominan en las pruebas, sustituyendo a los reactivos sensoriomotores de las escalas infantiles. Los reactivos de los niveles de 2 y 3 años requieren más capacidad verbal y comprensión que las pruebas anteriores, las cuales miden las capacidades motoras y sensoriales casi exclusivamente.

En la prueba de inteligencia de Stanford-Binet, ampliamente utilizada con niños, los reactivos están dispuestos de acuerdo con los niveles de edad a través de los cuales atraviesa el niño promedio. El éxito en los niveles de edad del periodo preescolar al escolar incluye números crecientes de reactivos verbales y más reactivos de resolución de problemas, razonamiento y problemas abstractos. Por ejemplo, los reactivos del nivel de 2 años de esta prueba incluyen la identificación de objetos comunes por su uso, identificación de las principales partes del cuerpo, repetición de dos dígitos mencionados y colocación de bloques simples en un formato de tablero. Entre los reactivos correspondientes al nivel de 4 años figuran el nombrar una diversidad de objetos comunes, recordar oraciones de 9 y 10 palabras, y completar correctamente analogías (por ejemplo, "Durante el día hay luz; por la noche, está ————.". Completar un dibujo de un hombre, copiar un cuadrado, definir palabras simples y contar cuatro objetos son tareas al nivel de 5 años. Las pruebas para los niños de 8 años suponen el comprender y contestar preguntas acerca de una historia breve, reconocer absurdos en una historia, definir semejanzas y diferencias en pares de objetos (por ejemplo, un centavo y una moneda de 25 centavos) y comprensión general (¿Qué es lo que hace moverse a un buque de vela?). En resumen, como lo demuestran las pruebas, a medida que los niños crecen pueden dominar problemas de dificultad creciente, que requieren de ellos mayor fluidez verbal, comprensión y capacidad de resolver problemas.

Estabilidad y cambio del CI. Si bien las puntuaciones de las pruebas aplicadas a los niños menores de 18 meses de edad no son significativamente predictivas de la inteligencia posterior, los CI medidos después de esa edad tienden a ser más *estables,* esto es, a guardar una correlación mayor con las puntuaciones obtenidas en la adolescencia y en la edad adulta. La tabla 3.2 presenta los coeficientes de correlación de las calificaciones obtenidas en pruebas de inteligencia en diversas edades con las puntuaciones correspondientes a las edades de 10 y 18 años (adultos jóvenes), con base en un estudio longitudinal de 252 niños. Como lo muestra la tabla, el valor predictivo de las puntuaciones de la prueba aumenta a medida que madura el niño. El CI a la edad de 6 o 7 años guarda una elevada correlación con la inteligencia a las edades de 10 y 18 años. Esto significa que, en general, el niño que tiene una inteligencia superior a la edad de 6 años permanece en ese mismo nivel, en tanto que el niño que tiene una puntuación inferior en esta edad por lo general ocupa un lugar inferior en edades posteriores.

Esto no quiere decir que la puntuación de *todos* los individuos sea fija; algunos niños cambian marcadamente de una ocasión a otra. De acuerdo con los datos de un estudio, casi el 60% de los niños cambia 20 o más puntos del CI entre las edades de 6 y 18 años, algunos mejoran en forma bastante consistente, en tanto que otros empeoran en sus CI a medida que se desarrollan. Tales cambios, en muchos casos, están relacionados con características de la personalidad y con la motivación, como lo ilustra la siguiente historia de un caso de un individuo en un estudio longitudinal. El CI del muchacho fluctuaba entre 113 y 163 durante sus años escolares, variando las puntuaciones de acuerdo con su estado general de salud, el ajuste psicológico y las condiciones que privaban en su hogar. A la edad de 6 años, cuando su CI en la prueba de Stanford-Binet estaba en su punto más bajo, sufría de sinusitis crónica y asma bronquial, por lo que tuvo que pasar en cama 12 semanas. Su padre enfermó de tuberculosis y su madre tuvo que trabajar; estos cambios produjeron una amplia reorganización en el hogar. Los informes escolares de esta época advirtieron que el niño era inquieto, sensible y tímido. Por el contrario, cuando alcanzó una puntuación de 163, a los 10 años, su padre se había recuperado y trabajaba de nuevo después de un periodo de desempleo, su ajuste escolar había mejorado espectacularmente y se dijo que manifestaba una "concentración maravillosa" en la escuela.

Un estudio sistemático de las correlaciones de la personalidad con los cambios en el CI comparó a 35 niños que en un estudio longitudinal mostraron el máximo incremento en el CI entre las edades de 6 y 10 años con otros 35 niños que mostraron las máximas disminuciones durante este periodo. En comparación con los últimos, se encontró que los primeros estaban más interesados en el trabajo escolar, estudiaban más y estaban más fuertemente motivados para dominar problemas

TABLA 3.2 Correlaciones entre las puntuaciones obtenidas en las pruebas de inteligencia durante los años preescolares y los CI a las edades de 10 y 18 años.

Edad	Correlación con el CI (Stanford-Binet) a los 10 años	Correlación con el CI (Wechsler) a la edad de 18 años
2	0.37	0.31
$2\frac{1}{2}$	0.36	0.24
3	0.36	0.35
4	0.66	0.42
6	0.71	0.61
8	0.88	0.70

FUENTE: M. P. Honzik, J. W. Macfarlane, y L. Allen, "The Stability of Mental Test Performance between two and Eighteen Years, *Journal of Experimental Education,* 17, núm. 17 (1948), págs. 309-324.

intelectuales. En general, estaban más orientados hacia la realización, y sus madres los habían estimulado desde la primera infancia a dominar problemas de todas clases. Aparentemente, la ejecución con la prueba de inteligencia hasta cierto punto refleja fuerza de motivación para la realización y para dominar problemas. Podemos inferir que la alteración de esta motivación puede aumentar o disminuir las puntuaciones en las pruebas de inteligencia durante los años escolares; volveremos a esta argumentación posteriormente.

Con mucho, las puntuaciones obtenidas en pruebas de inteligencia aplicadas durante los primeros años escolares son buenas predictoras de las calificaciones que se obtendrán en la escuela primaria en lectura, aritmética, composición, ortografía y estudios sociales, y también son predictoras adecuadas del éxito académico en la escuela secundaria y en la universidad.

Factores relacionados con la ejecución en las pruebas de inteligencia

Las pruebas de inteligencia no producen medidas "puras" de capacidad innatas o del potencial intelectual; miden y evalúan la ejecución en tareas específicas; principal, aunque no totalmente, de clase verbal. Esta clase de ejecución puede ser influida por muchos factores; de hecho, por prácticamente todos los factores que ayudan a conformar el desarrollo psicológico. Tanto los factores hereditarios (genéticos) como los factores ambientales afectan al rendimiento individual, pero es imposible determinar las proporciones relativas de las puntuaciones de prueba de inteligencia que un individuo ha obtenido que puedan atribuirse a las dos series de factores. Supongamos, que un niño de clase baja, cuyos padres son inmigrantes analfabetos, alcanza una calificación baja en una prueba de inteligencia. Esta calificación *puede* deberse a una deficiente dotación intelectual hereditaria. Por otra parte, *puede* ser el resultado de sus antecedentes de pobreza, de la falta de estimulación intelectual en el hogar, de una inadecuada capacidad verbal o de cualquier número de otros factores o combinaciones de éstos. Analizaremos tales factores con mayor detalle posteriormente. Aquí es importante advertir que el conocimiento de la puntuación de una persona en sí mismo no nos dice nada acerca de las razones por las que el sujeto alcanza esa calificación.

Influencias genéticas en la inteligencia. Los psicólogos generalmente aceptan la noción de que la herencia contribuye a la capacidad intelectual y que probablemente establece los límites de esta capacidad. Pero no están de acuerdo con la pretensión de que la inteligencia de una persona está genéticamente establecida en la concepción y, por lo tanto, es fija e invariable. Los límites que establece la herencia son flexibles.

Varias clases de pruebas apoyan el punto de vista de que los factores genéticos contribuyen a la determinación de la inteligencia tal como la mide la ejecución en las pruebas. En un tipo de estudio, se comparan dos clases de correlaciones: (a) la correlación entre las puntuaciones de CI de niños criados por sus propios padres y las puntuaciones de éstos, y (b) la correlación entre las puntuaciones de las pruebas de inteligencia de niños adoptados en la infancia con las de sus padres adoptivos. Se ha descubierto que, en general, la correlación entre los CI de los padres y sus hijos legítimos es aproximadamente de 0.50, en tanto que la correlación entre los CI de los padres adoptivos con los de sus hijos adoptados es, en la mayor parte de los estudios, aproximadamente de 0.20. Aparentemente, los niños se parecen a sus padres verdaderos en la ejecución de las pruebas de inteligencia en grado significativamente mayor que los hijos adoptados en la relación con sus padres adoptivos. Supuestamente la herencia explica la mayor correlación entre los padres y sus hijos, en especial porque los hijos adoptivos estudiados fueron adoptados en una época muy temprana de su vida.

Nuevas evidencias elocuentes acerca del papel que desempeña la herencia en la inteligencia provienen de la comparación de correlaciones de las puntuaciones obtenidas en pruebas de inteligencia de gemelos *idénticos* (los que se desarrollan a partir de un solo óvulo fertilizado y, por lo tanto, tienen exactamente las mismas constituciones genéticas) y los de gemelos fraternos (los que se desarrollan de dos óvulos fertilizados y, consecuentemente, difieren desde el punto de vista genético). Los CI de los gemelos idénticos se correlacionan en grado muy alto, aproximadamente 0.90 en promedio, en tanto que los CI de los gemelos fraternos tienen una correlación de aproximadamente 0.55. En otras palabras, los gemelos idénticos obtienen puntuaciones muy parecidas en las pruebas de inteligencia, y esto vale aun en el caso de que sean criados en ambientes totalmente diferentes y de que sean expuestos a diferentes experiencias. De hecho, la correlación entre los CI de gemelos idénticos *criados aparte* fue de 0.76, en tanto que los CI de gemelos fraternos que habían sido criados en el *mismo ambiente* alcanzaron una correlación de 0.55. En otras palabras, no obstante haber sido criados en ambientes sumamente diferentes, los gemelos idénticos eran mucho más semejantes en pruebas de inteligencia que los gemelos fraternos, los cuales habían sido criados en el mismo entorno. Por consiguiente, la herencia debe ser un determinante principal de la inteligencia, que ayuda a establecer los límites dentro de los cuales el medio ambiente pude afectar la puntuación que un niño obtiene en las pruebas de inteligencia.

Sin embargo, debiera notarse que incluso entre los gemelos idénticos los factores ambientales ejercieron algún efecto en su ejecución. Cuanto mayores eran las diferencias en sus experiencias ambientales, tanto más divergentes fueron los CI de los gemelos idénticos. Por ejemplo, una de dos gemelas idénticas pasó una parte considerable de sus años de primaria en un escenario montañoso aislado donde no había escuelas. A edad muy temprana abandonó definitivamente la escuela. Su hermana gemela, adoptada en un hogar donde se concedía gran importancia a la educación y a la realización, fue estimulada intelectualmente, en particular por su madre adoptiva. El CI en la prueba de Stanford-Binet de la primera niña fue de 0.92; el de la segunda fue de 116, una diferencia de 24 puntos, y la última tenía un adelanto de casi siete años en comparación con su hermana, en lo que se refiere a realización educativa.

Influencias ambientales en la inteligencia. Es claro, pues, que los factores ambientales, de la personalidad y motivacionales —incluyendo la nutrición, la estimulación intelectual y la orientación hacia el logro en el hogar— también contribuyen en forma significativa a la inteligencia. Por ejemplo, los niños ansiosos y temerosos tienen dificultades para concentrarse en las tareas académicas y de resolución de problemas, y probablemente tendrán un pobre rendimiento en las pruebas de inteligencia. En promedio, los niños en edad escolar —en particular los varones— con puntuaciones altas en las pruebas de ansiedad obtienen calificaciones en las pruebas de inteligencia un tanto inferiores que sus compañeros, los cuales están relativamente libres de ansiedad. Los niños que sienten poca estimación por sí mismos y que se sienten personalmente inadecuados e inferiores —tal vez debido a que están económicamente marginados— renunciarán con demasiada facilidad en la situación de prueba y, por lo tanto, tendrán un rendimiento deficiente. Además, los niños que tienen antecedentes de privación probablemente tendrán menos modelos de papeles que han utilizado las destrezas intelectuales y la educación para "salir adelante"; de aquí que probablemente no serán motivados por la realización de carácter intelectual o por un rendimiento de alto nivel en las pruebas de funcionamiento cognoscitivo.

Los impresionantes efectos de los factores ambientales amplios y generales han llamado la atención del psicólogo en forma bastante espectacular por medio de los hallazgos de diferencias de clase social y de raza en la ejecución de las pruebas de inteligencia. Los niños de las clases superior y media consistentemente obtienen mejores calificaciones que los pertenecientes a la clase inferior en las pruebas de inteligencia, siendo la diferencia promedio entre las clases superior y baja de aproximadamente 20 puntos de CI. Y los niños de las escuelas para negros obtienen en promedio puntuaciones de 10 a 15 puntos por debajo de sus compañeros blancos en la mayor parte de las pruebas de inteligencia estándar. Algunos psicólogos han interpretado estas diferencias de clase y de raza como prueba de la determinación hereditaria de la inteligencia; esto es, que quizá las clases superiores y los blancos tienen una dotación intelectual superior y transmiten esto a sus hijos genéticamente. Sin embargo, la mayoría de los psicólogos afirman que las diferencias de CI entre los grupos raciales y de clase pueden explicarse fácilmente en términos de factores ambientales y de experiencia, y no genéticos. Ciertamente, en promedio, los blancos de clase media y los negros pobres viven en ambientes sumamente diferentes y tienen distintos antecedentes en lo que respecta a experiencia.

Muchas clases de factores ambientales afectan al funcionamiento intelectual. Por ejemplo, la nutrición inadecuada durante el embarazo de la madre —en especial la deficiencia de proteínas— puede producir efectos adversos duraderos en la capacidad intelectual del niño. Las personas de clase inferior, con mayor probabilidad que las demás, tendrán dietas inadecuadas y, en consecuencia, tendrían hijos de capacidad intelectual inferior. Algunas de las diferencias de clase social y de raza observadas en la ejecución de las pruebas pueden deberse a tales factores nutricionales.

Además, el contenido de las pruebas de inteligencia se basa mucho más en las experiencias y en los intereses de los blancos de clase media que de otros grupos. Por consiguiente, los reactivos de la prueba pueden ser mucho menos interesantes y menos significativos para los niños de otros grupos sociales y raciales. Esto también puede ayudar a explicar las aparentes deficiencias cognoscitivas de los niños negros y de los económicamente marginados.

Además, las diferencias de clase social y culturales en la crianza temprana de los niños puede producir efectos altamente significativos en el funcionamiento intelectual. Específicamente, las familias económicamente marginadas proporcionan experiencias restringidas y poco estímulo intelectual y cultural a sus hijos muy pequeños. Diversos psicólogos han argumentado en forma persuasiva que los intereses intelectuales y la motivación para la competencia intelectual se forman durante la primera infancia y son muy vulnerables en este periodo. El bebé necesita oportunidades de aprender y confrontar diversas clases de estimulación a fin de que esté motivado y alerta desde el punto de vista intelectual. De acuerdo con algunos, la privación de las estimulaciones cognoscitiva y social en una época temprana de la vida puede producir efectos adversos irreversibles. Para un desarrollo intelectual óptimo, el niño necesita tener experiencias interesantes, estimulantes y agradables, desde la niñez muy temprana.

Los niños pobres, tanto blancos como negros, ingresan en la escuela con una desventaja inicial; esto es, cuando entran a la escuela se desempeñan más deficientemente en las tareas cognoscitivas y en las pruebas de inteligencia, en promedio, que los niños blancos de clase media. Y, es triste reconocerlo, con frecuencia sufren una especie de retraso "progresivo", quedándose cada vez más atrás en el funcionamiento intelectual a medida que avanzan en la escuela. Muchos niños pobres son retenidos en la escuela durante un año y a menudo durante más tiempo. Esto presenta un problema de aguda importancia social. En cuanto a cultura, tenemos el compromiso de reducir en forma drástica las desigualdades sociales, económicas y educativas entre los grupos sociales y raciales. ¿Pueden superarse estos obstáculos cognoscitivos que se manifiestan en una época relativamente temprana de la vida?

Reducción de las deficiencias cognoscitivas de los niños económicamente marginados. Si la estimulación ambiental temprana puede mejorar el rendimiento intelectual subsecuente, el proporcionar más estimulación y adiestramiento de esta clase debe ayudar a superar las deficiencias cognoscitivas y a elevar el nivel del funcionamiento cognoscitivo de los niños pobres. En los últimos veinte años, han tenido lugar numerosos intentos de intervenir en un momento temprano de la vida del niño con programas de adiestramiento especiales en la escuela de párvulos o "educación compensatoria". Es claro que la simple colocación de los niños pobres en las escuelas de párvulos y su exposición a las clases habituales de los programas de estas escuelas no elevan los niveles de las destrezas cognoscitivas de los niños. Para alcanzar esto, se requiere una atención y un adiestramiento individual intensivo, a menudo con la participación activa de las madres. Este tipo de intervención temprana *puede* producir resultados positivos importantes, al contrarrestar algunos de los efectos adversos de la privación temprana, como lo ha demostrado en forma espectacular un estudio realizado por el profesor Rick Heber de la Universidad de Wisconsin.*

Los participantes en el estudio fueron 40 bebés y sus madres, las cuales vivían en un barrio pobre. Todas las madres tenían CI de 75 o menos. Cada pareja de madre e hijo fue asignada al azar a un grupo control o a un grupo experimental. Los niños del grupo experimental fueron expuestos a un programa amplio de experiencias de enriquecimiento, y sus madres fueron aconsejadas y se les enseñó una diversidad de destrezas domésticas y ocupacionales, así como de crianza de los niños. Las madres y los niños que integraban el grupo control no recibieron ningún tratamiento especial.

A los 3 meses de edad, cada uno de los niños del grupo experimental fue asignado a un maestro que se hacía cargo de él durante siete horas al día, cinco días a la semana y nueve meses del año. Los maestros eran paraprofesionales que vivían en el vecindario de los niños y, así, compartían sus antecedentes culturales. La mayor parte de ellos tenía alrededor de 25 años y su educación iba desde los ocho grados escolares hasta un año de escuela superior. Fueron escogidos para este trabajo por ser eficientes en lenguaje, cariñosos y tenían experiencia con bebés o niños muy pequeños. Cada uno de los maestros era responsable de la atención total del bebé que se le asignó, y organizaba el ambiente del aprendizaje y se encargaba de aplicar el programa educativo. Éste consistía principalmente de "lecciones" o "experiencias" estructuradas, diseñadas para mejorar las destrezas cognoscitivas y de aprendizaje de los niños y, al mismo tiempo, para motivarlos a aprender y resolver problemas al presentarles tareas interesantes y atractivas. Después de que los niños cumplieron 24 meses de edad, su programa diario incluía actividades destinadas a promover el desarrollo de las destrezas del lenguaje, la facilidad de lectura, matemáticas y resolución de problemas.

* H. Garber y R. Heber, *The Milwaukee Proyect: Early Intervention as a Technique to Prevent Mental Retardation* (National Leadership Institute on Teacher Education/Early Childhood, University of Connecticut Technical Paper, marzo de 1973).

Las maestras mantuvieron un contacto continuo con los padres de los niños, informándoles sobre el progreso de éstos y destacando sus realizaciones y capacidades. Los padres fueron asesorados para poner atención al progreso escolar de sus hijos y para recompensar las realizaciones cognoscitivas. Al mismo tiempo, las madres del grupo experimental recibieron instrucciones acerca de las destrezas domésticas y de crianza de los niños, y se les proporcionó un adiestramiento que las prepararía para desempeñar mejores trabajos. Se supuso que el potencial de ocupación de la madre, al ser aumentado, incrementaba el conocimiento y le permitía tener más confianza en sí misma, lo cual conduciría a cambios en el ambiente del hogar que serían benéficos para el niño.

Es obvio que este programa era demasiado costoso y difícil de implementar, pero los resultados fueron impresionantes y estimulantes. Las pruebas para niños, administradas varias veces a los sujetos experimentales y a los que formaban el grupo control entre las edades de 6 y 32 meses, mostraron que los dos grupos se desempeñaban igualmente bien (por encima del promedio, de acuerdo con las normas de la prueba) hasta la edad de 14 meses. A los 18 meses de edad, la ejecución del grupo experimental era claramente superior, sin embargo, y la diferencia entre los grupos fue todavía mayor a los 22 meses de edad. Como lo muestra la figura 3.2, los grupos experimental y control divergían cada vez más a medida que los niños crecían. (Se aplicaron las pruebas

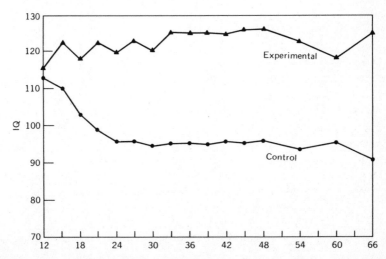

FIGURA 3.2. CI promedio de ejecución al aumentar la edad, correspondiente al grupo experimental y al grupo control. (*Adaptado de H. Garber y R. Heber, National Leadership Institute — Teacher Education/Early Childhood. University of Connecticut Technical Paper, marzo de 1973.*)

de Stanford-Binet y Wechsler de inteligencia entre las edades posteriores.) A los 66 meses de edad, la última vez que fueron sometidos a prueba, los sujetos del grupo experimental tenían un CI promedio de 125; el promedio de los sujetos control fue de 91.

Los investigadores necesitaban más de una medida del desarrollo cognoscitivo, de manera que también administraron diversas pruebas de aprendizaje, resolución de problemas, formación de conceptos y capacidad lingüística. Los sujetos experimentales se desempeñaron mejor que los del grupo control en todas las pruebas. Por ejemplo, en conversaciones con el evaluador del lenguaje, cuando los niños tenían entre 18 y 30 meses de edad, el grupo experimental demostró poseer una mayor fluidez verbal, decía más cosas, tenía vocabulario más amplio y producía más palabras inusuales que los del grupo control. En interacciones con sus madres, los niños del grupo experimental proporcionaron más información, iniciaron más comunicaciones verbales e hicieron más preguntas que los del grupo control.

Estos hallazgos son prueba evidente de que el programa de intervención temprana obtuvo éxito. Las destrezas cognoscitivas y de lenguaje de los niños aumentaron considerablemente. Y, de acuerdo con los investigadores, su confianza en sí mismos y su motivación para aprender aumentaron. Sin embargo, un problema crítico queda todavía por resolver: ¿Estas ganancias se conservarán en el futuro y se reflejarán en un mayor éxito académico y realización vocacional? Sólo un estudio de seguimiento de los niños de los grupos experimental y control puede responder a esta pregunta. Dado tal comienzo y tales progresos marcados en el rendimiento cognoscitivo, las ganancias de los niños derivados de una intervención temprana debieran ser duraderas.

El programa compensatorio de intervención que hemos estado analizando fue inusitado en muchos sentidos. En comparación con la mayor parte de los programas, fue más amplio, comenzó a una edad más temprana, duró más tiempo e incluyó más instrucción y adiestramiento individuales; asimismo, incluyó trabajo con los padres y los niños. Los programas compensatorios menos amplios de las escuelas de párvulos, en la mayoría de los casos, han producido sólo ganancias modestas en las puntuaciones de las pruebas de inteligencia, y estas ganancias han sido tan inestables y efímeras que a menudo desaparecen en el transcurso de un año después de haber terminado el programa de intervención. Por esta razón, muchos psicólogos concluyeron que los programas han sido fracasos o, en el mejor de los casos, decepcionantes. Un estudio reciente de los efectos de gran alcance de diez programas experimentales de intervención sugiere, sin embargo, que tales conclusiones pesimistas pueden haber sido prematuras. Utilizando los datos de diez estudios de seguimiento, el profesor Francis Palmer, de la Universidad Estatal de Nueva York, en Stony Brook, analizó los registros de escuela elemental de niños que habían participado en programas de intervención para escuelas de párvulos. El análisis produjo evidencia convincente de que los beneficios de participar en estos programas a menudo persisten durante un largo periodo. Por ejemplo, en comparación con los grupos control, niños de escuela primaria que habían recibido programas de intervención temprana tenían menor probabilidad de quedar sin promoción durante un año o más, y era significativamente menor el número de ellos que tenían que ser colocados en grupos especiales para niños con incapacidades de aprendizaje. Sus calificaciones también fueron mejores que las de los sujetos del grupo control en las pruebas normales de rendimiento en lectura y aritmética. Por lo menos algunos de los programas produjeron incrementos duraderos en el CI. Palmer, por lo tanto, concluyó que "la intervención temprana *puede* afectar en forma significativa los CI, pero no siempre."*

Aparentemente, pues, los programas de intervención temprana, si están bien concebidos y realizados, pueden producir mejorías notables en el rendimiento cognoscitivo y escolar, y por lo menos algunas de esas mejorías son duraderas. Sin embargo, debe reiterarse que estos cambios positivos no fueron simplemente resultado de la asistencia a las escuelas de párvulos. Más bien, los cambios fueron consecuencias del trabajo individualizado intensivo con los niños, basado en sus necesidades, intereses y capacidades. En algunos programas, la participación de las madres tuvo importancia fundamental. Los programas efectivos requieren planificación e implementación meticulosas, y cuestan muchísimo tiempo, esfuerzo y dinero. Con todo, los resultados de algunos de ellos son lo suficientemente prometedores, para el individuo y la sociedad, como para justificar el gasto y el esfuerzo.

---

* F. Palmer (informe inédito. Septiembre de 1977).

4

Desarrollo de la personalidad: influencias biológicas y culturales

El término personalidad es un concepto amplio que se refiere a la organización duradera de las predisposiciones, características (rasgos), motivaciones, valores y formas de ajustarse del individuo al medio ambiente. El desarrollo de la personalidad es un proceso enormemente complicado, conformado por un gran número de factores interrelacionados que interactúan continuamente. Por lo menos cuatro tipos amplios de factores desempeñan un papel en la determinación de las características de la personalidad y del comportamiento de un niño. El primer tipo es *biológico,* e incluye la dotación genética, el temperamento, el aspecto físico y la tasa de maduración. La segunda gran categoría es la *pertenencia a un grupo cultural.* Cada cultura tiene una personalidad "típica" —un patrón particular de motivos, metas, ideales y valores— que es característica y distintiva de esa cultura y que adquieren los niños que crecen en esa cultura. Los japoneses por lo general están más "orientados hacia el grupo", son más interdependientes en sus relaciones con otras personas, autoanuladores y pasivos; los estadounidenses son más independientes, autoafirmativos y agresivos. Es obvio que los niños de las culturas japonesa y estadounidense son educados de diferentes maneras para alcanzar estas diferencias culturales en la personalidad. En forma análoga, dentro del escenario de los Estados Unidos, muchos niños nativos de la tribu Zuñi, que han sido criados en la forma tradicional —a menudo dentro de las reservaciones— son adiestrados para ser cooperativos e igualitarios, desinteresados en cuanto a engrandecimiento y realización personales. Por el contrario, la mayor parte de los padres blancos de clase media probablemente fomenten el desarrollo de la motivación de logro en sus hijos.

La tercera influencia, que a nuestro juicio es la más importante de todas para el desarrollo de la personalidad, es la historia de las experiencias del niño con otras personas, en particular con los miembros de su familia. La personalidad es fundamentalmente un producto del aprendizaje social, y durante los primeros años, la familia —los padres, los hermanos y las hermanas— crea el ambiente de aprendizaje para el niño. Los padres mantienen las interacciones más frecuentes e intensas con los niños desde un momento temprano de la vida; de aquí que regulen y modifiquen continuamente el comportamiento de sus hijos. Su papel es clave en la *socialización* del niño, el proceso por el cual el niño adquiere los patrones conductuales, los motivos y los valores que son habituales y aceptables de acuerdo con las normas de su familia y de su grupo social. Las influencias familiares en el desarrollo de la personalidad se analizan con mayor detalle en el capítulo siguiente.

El cuarto tipo de influencia sobre la conducta manifiesta y las características de la personalidad es la *situación,* esto es, los estímulos directos que inciden sobre el individuo en cualquier momento particular. Las demás personas presentes, los sentimientos del niño en el momento (por ejemplo, fatiga, frustración, ansiedad, tranquilidad o un talante feliz), y las recompensas y castigos ofrecidos afectan a las características y predisposiciones de la personalidad que los niños exhibirán más adelante. Los niños extremadamente activos, ruidosos e inquietos aprenden fácilmente a ser más tranquilos y más restringidos en la escuela si tienen maestros estrictos. Cuando los niños encuentran situaciones nuevas en las cuales sus reacciones y patrones habituales de respuesta no son aceptables, intentarán comportamientos nuevos y diferentes. Si estas respuestas nuevas son recompensadas, sus respuestas características pueden ser modificadas en forma sustancial. Este hecho sustenta el uso de las técnicas de terapia del comportamiento, que analizaremos posteriormente.

Todas estas fuerzas están entretejidas; operan, interactúan y afectan concurrentemente el desarrollo de la personalidad. Así, aunque la pertenencia a un grupo cultural y las relaciones con los padres son centrales para conformar la personalidad y el comportamiento del niño, sus efectos pueden ser templados por los niveles de energía y actividad del niño, que, al menos en parte, están determinados biológicamente.

Sólo por conveniencia de exposición, la siguiente discusión del desarrollo de la personalidad se concentra en las fuerzas biológicas y sociales importantes, una en cada ocasión. En realidad, a menudo resulta difícil separar los efectos de un determinante de los de otro.

FACTORES BIOLÓGICOS

Influencias genéticas sobre la personalidad y el comportamiento

Como hicimos notar anteriormente, resulta casi imposible separar las influencias hereditarias y ambientales sobre el comportamiento humano, debido a que cada una de las características o de los rasgos manifiestos es producto de interacciones complejas entre potencialidades genéticamente determinadas y fuerzas ambientales. Existe, sin embargo, evidencia experimental sólida de que determinadas características de los perros y de otros animales —como son la agresividad, el nerviosismo, la timidez, la sociabilidad y la capacidad de recibir y asimilar adiestramiento— están fuertemente influidas por la dotación genética. La cría selectiva puede producir camadas de perros tranquilos y cariñosos o bien nerviosos y agresivos. Los *cocker spaniels* son fáciles de adiestrar, relativamente poco emotivos y dan pocas muestras de temor, en tanto que los sabuesos y los *terrier* son difíciles de adiestrar y son más tímidos.

¿Son comparables las características de los humanos que se transmiten genéticamente? Si bien la inteligencia hasta cierto punto está bajo control genético, el papel de la dotación hereditaria en la determinación de otros aspectos del funcionamiento psicológico no es tan claro. Algunas características de la personalidad parecen estar influidas al menos indirectamente por estos factores. Por ejemplo, las observaciones longitudinales intensivas de un grupo grande de niños, desde la edad de 2 o 3 meses hasta los 2 años, indican que determinados "tipos de reacción intrínseca", que se manifiestan en un momento muy temprano, probablemente persistirán. Las variables que constituyen estos "tipos" incluyen la actividad o la pasividad, la intensidad de reacción, tendencias al acercamiento o al ostracismo, temperamentos positivos o negativos, la susceptibilidad de distraerse y la regularidad o irregularidad. Resulta imposible determinar si estos patrones duraderos están genéticamente determinados o si fueron aprendidos en un momento muy temprano, pero los investigadores están convencidos de que, de hecho, son innatos y no aprendidos; algunos niños aprenden más que otros, sienten, están dotados de tendencias más fuertes hacia, digamos, la actividad, la distracción y las reacciones fuertes.

Uno de los principales medios de evaluar las contribuciones relativas de la herencia y el ambiente al desarrollo de una característica particular consiste en medir el grado del parecido o semejanza familiar en esa característica. En nuestro análisis de los factores genéticos que influyen en la inteligencia advertimos que los gemelos *monocigóticos,* o *idénticos,* se desarrollan a partir de un solo óvulo fertilizado y, por tanto tienen exactamente la misma constitución genética. Los gemelos *fraternos,* o *dicigóticos,* son producto de dos óvulos y, en consecuencia difieren genéticamente, aunque comparten algunos genes. Por lo tanto, si las semejanzas entre los gemelos idénticos en una característica son mayores que las semejanzas entre gemelos fraternos, inferimos que la característica resulta fuertemente influida por factores genéticos. Se adopta el supuesto de que los miembros de cada par de gemelos, idénticos o fraternos, comparten ambientes y experiencias similares. Si los gemelos idénticos y fraternos se parecen entre sí en el mismo grado con respecto a una característica, concluimos que ésta resulta influida más fuertemente por factores ambientales que por factores genéticos.

Los estudios familiares de esta clase muestran que las tendencias hacia la inhibición y la introversión social (o la extraversión) pueden estar parcialmente bajo control genético; los gemelos idénticos son más similares entre sí que los gemelos fraternos en estas características. Cuando son bebés, los gemelos idénticos son más parecidos que los fraternos en las tendencias a sonreír y a mostrar temor hacia los extraños. Hallazgos consistentes con los mencionados provienen de estudios realizados con alumnos de escuela secundaria quienes respondieron a cuestionarios de personalidad. Los gemelos idénticos se parecían entre sí mucho más que los gemelos fraternos en medidas de introversión-extraversión, agresividad, tristeza, dependencia y timidez. Estos datos sugieren decididamente que la herencia contribuye al desarrollo de estas características.

Algunos desórdenes mentales parecen tener componentes genéticos. Esto es cierto en el caso de la esquizofrenia, psicosis profunda que se caracteriza por la presencia de severos impedimentos al pensamiento lógico y a las relaciones emocionales con otros, pérdida de contacto con la realidad y tendencia notoria al ostracismo. Un investigador examinó millares de registros de pacientes esquizofrénicos para determinar cuántos tenían hermanos gemelos, ya sean idénticos o fraternos. Después determinó si también el otro gemelo era o no esquizofrénico. De los casos idénticos; el 86% tenía gemelos esquizofrénicos; sólo el 15% de los gemelos de los fraternos eran esquizofrénicos. Una diferencia tan grande entre las dos clases de gemelos indica que los factores genéticos contribuyen al desarrollo de este desorden emocional, pero los datos no deben interpretarse en el sentido de que la esquizofrenia se hereda directamente. Más bien parece haber una predisposición genética a responder con reacciones esquizofrénicas a una fuerte tensión ambiental; si el individuo con tal predisposición queda expuesto a las condiciones ambientales apropiadas, tiene más probabilidades de desarrollar esquizofrenia que alguien que no tenga esa misma predisposición. La psicosis maniacodepresiva, caracterizada por fluctuaciones de carácter, de la depresión profunda y apatía al júbilo y la excitación, también está influida por la dotación genética, aunque la evidencia no es tan fuerte como en el caso de la esquizofrenia.

Algunas enfermedades mentales de la niñez *pueden* tener una base genética, aunque las pruebas no son tan claras. Por ejemplo, el *niño autista* es "diferente" desde los primeros días de la vida, evita el contacto con otras personas, no forma relaciones, no produce sonrisas sociales, ni participa en juegos sociales. El niño autista parece solitario y aislado; su lenguaje y expresión del mismo están deformados y a menudo son ininteligibles, y no lo usa ordinariamente para comunicarse con otras personas. El autismo puede ser diferenciado de la *esquizofrenia infantil*, la cual generalmente no se desarrolla sino hasta que el niño tiene 5 o 6 años de edad. Habitualmente, el niño esquizofrénico habla, en tanto que el niño autista no. Muchas autoridades afirman que estas dos enfermedades mentales de la niñez tienen fuertes componentes genéticos, pero las contribuciones genéticas no se han evaluado de una manera precisa y los mecanismos genéticos que entran en juego en la transmisión de estas enfermedades no han sido especificados.

Influencias de otros factores biológicos

Otros factores biológicos también ejercen influencias directas o indirectas en el desarrollo de la personalidad. Por ejemplo, una glándula tiroides excesivamente activa puede producir hiperactividad, excitabilidad, brusquedad, tensión y nerviosismo. La gente que tiene glándulas tiroides subactivas (deficiente secreción tiroidea) tienden a ser complacientes, se cansan fácilmente, son indiferentes, carentes de energía y apáticos. Las secreciones de testosterona (secreciones de las gónadas masculinas, los testículos) se relacionan con la agresividad y el celo en los animales, pero no es claro que esta relación valga también en el caso de los humanos.

El aspecto físico, la belleza o la fealdad y la constitución corporal de una persona —características todas que dependen de la constitución genética— pueden ejercer un efecto indirecto sobre la personalidad y la confianza en sí mismo. Todos conocemos personas que, debido a su atractivo físico, alcanzan metas o posiciones que en otras condiciones no podrían haber logrado, o a aquellas otras que, debido a su fealdad o deformidad, devienen profundamente infelices, tímidas o apartadas. En el mundo de los muchachos, la fuerza y la destreza físicas acarrean prestigio y éxito. Los que tienen un desarrollo avanzado, que son altos y muy musculosos para su edad, con mayor probabilidad serán líderes permanentes y confiados en sí mismos. Además, estos jóvenes probablemente madurarán antes y tendrán impulsos de desarrollo antes que otros, de manera que están en buena posición de mantener su predominio. Los muchachos larguiruchos con un desarrollo muscular relativamente pobre tienen menores probabilidades de poder destacar por sí mismos en los deportes o en los juegos rudos. Además, estos muchachos tienden a madurar más lentamente, de modo que ven cómo otros los sobrepasan en tamaño y en destreza atlética, y tal vez en desarrollo social, durante la primera adolescencia. Probablemente esta experiencia reforzará conceptos negativos de sí mismos.

Desde luego, estos efectos pueden ser exagerados o mitigados por otros factores. El muchacho fuerte, alto y bien constituido no es probable que devenga seguro y confiado en sí mismo si resulta que es poco inteligente y obtiene poco éxito en la escuela o si, como resultado de sus relaciones hogareñas, es inseguro y dependiente.

Por otra parte, si el muchacho débil y poco atractivo es brillante y alcanza éxito académico o si mantiene relaciones estables y tranquilizadoras en su casa, puede no llegar a ser inseguro a pesar del hecho de que su aspecto físico inicialmente suscite reacciones desfavorables de sus compañeros.

Los estudios sistemáticos de niños normales muestran que existen pocas relaciones, pero significativas, entre la constitución corporal y la personalidad. Entre los niños de 10 y 11 años, los niños pequeños, mal coordinados y relativamente débiles se inclinan a ser tímidos, asustadizos, pasivos y, por lo general, preocupados. Por el contrario, los niños altos, fuertes, llenos de energía, bien coordinados y de la misma edad son juguetones, autoexpresivos, locuaces, productivos y creadores. Parece difícilmente probable que los factores genéticos o constitucionales que ayudan a determinar las características físicas también produzcan efectos directos en las características de la personalidad. Más bien, algunos rasgos de la constitución corporal pueden afectar a las capacidades, aptitudes e intereses de la persona; en forma decisiva, las reacciones de los compañeros y de los adultos ante el niño se ven afectadas por su aspecto físico. Por ejemplo, citemos el hecho de que en nuestra cultura los compañeros y los adultos probablemente reaccionan ante un niño pequeño, torpe, físicamente débil, como si fuera delicado, sensible, dependiente, no agresivo y, tal vez, carente de competencia. Además, como no es probable que este niño alcance éxito en los juegos físicos ni en atletismo, quizá no desarrolle intereses intensos por estas actividades y puede comenzar a apartarse de los demás, así como de las actividades físicas. No es de sorprender que se convierta en una persona tímida, pasiva y dependiente.

Los muchachos altos, fuertes, bien coordinados, por otra parte, probablemente serán considerados como más maduros. Independientes, agresivos y competentes. Además, es muy probable que estos niños sean diestros en lo referente a actividades motoras, exitosos en atletismo y vigorosos en sus interacciones sociales. Por estas razones se les puede conceder una elevada posición social y, por lo tanto, pueden desarrollar confianza en sí mismos y características destacadas. En suma, las características físicas de un niño pueden afectar su concepción del ambiente social, de las expectativas de los demás y de sus reacciones. A su vez, todo esto puede afectar al desarrollo de la personalidad del niño.

Tasa de maduración

Algunos adolescentes llegan a la madurez física relativamente pronto; otros tardan mucho en lograrlo. Estas diferencias individuales pueden atribuirse, en gran parte, a funciones hormonales genéticamente determinadas. Desde el punto de vista del desarrollo de la personalidad, es importante que los ambientes sociopsicológicos que han encontrado los adolescentes puedan variar considerablemente, dependiendo de su tasa de maduración física. Un niño que madura tardíamente se ve joven para su edad y probablemente sea considerado y tratado como inmaduro por otros. En ocasiones puede dudar de si su cuerpo llegará a desarrollarse en forma adecuada y si estará bien dotado desde el punto de vista sexual como otros que ve a su alrededor. El niño que madura precozmente, por otra parte, ve claramente su propio desarrollo y sus propios cambios físicos que lo conducen a la edad adulta. Otros lo consideran como más desarrollado desde los puntos de vista social y emocional, y tiene una ventaja sobre el niño que madura tardíamente en los juegos atléticos competitivos, que continúan siendo importantes en esta etapa de su vida.

Las consecuencias psicológicas de estas diferencias han quedado demostradas en estudios que comparan las personalidades de adolescentes varones que maduran tardíamente con los que maduran pronto. Los que son relativamente retardados desde el punto de vista físico tienden a revelar un desajuste mayor. Tienen algunos conceptos negativos de sí mismos, abrigan sentimientos más fuertes de inadecuación y rechazo, y al mismo tiempo son más dependientes y más rebeldes. Por el contrario, los muchachos que maduran temprano por lo general se sienten adecuados, aceptados por los demás, confiados en sí mismos, independientes, maduros y capaces de desempeñar un papel adulto; es más probable que éstos vivan en circunstancias que conduzcan a un buen ajuste psicológico que los que no pasan por esa situación.

Entre las niñas, la maduración temprana —a la edad de 11 o 12 años— puede ser un leve obstáculo social. Algunas chicas se confunden por su temprana maduración. Pero a partir del séptimo grado y hasta los años de la escuela secundaria, la maduración temprana se convierte en una ventaja social y está asociada con el hecho de ser popular y muy estimada por sus compañeros. Los hallazgos relativos a los efectos de la maduración temprana y tardía deben, sin embargo, ser interpretados cautelosamente, porque:

> ...aunque la tasa de maduración y los factores que van asociados con ella pueden afectar al desarrollo de la personalidad, la relación entre el estado físico y las características psicológicas de ninguna manera es simple. Un gran número de factores complejos e interactuantes, incluyendo la tasa de maduración, determinan la estructura singular de la personalidad de cada adolescente. De aquí que, en cualquier caso específico, los hallazgos *de grupo*... pueden no ser aplicables directamente, porque otros factores físicos, psicológicos o sociales pueden atenuar los efectos de la maduración temprana o tardía. Por ejemplo, un adolescente que es fundamentalmente seguro y que tiene padres cordiales y acogedores, así como relaciones sociales generalmente satisfactorias puede no desarrollar sentimientos fuertes de inadecuación aun cuando madure con lentitud. En forma análoga, el muchacho que madura tempranamente y tiene sentimientos profundos de inseguridad, por cualesquier razones, probablemente no obtendrá confianza en sí mismo simplemente porque madura precozmente. En resumen, para comprender cualquier caso individual, las generalizaciones basadas en [estos] datos... deben ser particularizadas a la luz de la historia pasada de la persona y de las circunstancias actuales.*

LA SOCIALIZACIÓN Y LAS INFLUENCIAS CULTURALES EN LA PERSONALIDAD

Desde el punto de vista del desarrollo de la personalidad, el aspecto más importante del mundo de un niño es su ambiente *social*. Prácticamente todos los seres humanos viven en una sociedad, en un grupo interactuante de personas. Y cada sociedad tiene una cultura distintiva, un cuerpo de conocimientos almacenados, formas características de pensar y sentir, actitudes, metas e ideales singulares.

"La cultura regula nuestras vidas todo el tiempo. Desde el momento en que nacemos hasta que morimos existe, seamos o no cons-

---

* P. H. Mussen y M. C. Jones, "Self-Conceptions, Motivations, and Interpersonal Attitudes of Late-and Early-Maturing Boys", *Child Development,* 28 (junio de 1957), 255.

cientes de ello, una presión constante sobre nosotros para seguir ciertos tipos de comportamiento que otros hombres han creado para nosotros."*

¿De qué manera la pertenencia de un individuo a un grupo cultural influye en el desarrollo de su personalidad? Primariamente al prescribir —y limitar— lo que se enseña a los niños y lo que éstos aprenden. Como lo demostraremos, cada cultura espera que sus miembros, y los adiestra en ese sentido, se comporten en las formas que son aceptables para el grupo. En un grado notable, los grupos culturales de los niños definen el rango de experiencias y situaciones que probablemente encontrarán y los valores y las características de la personalidad que son reforzados y, por ello, aprendidos. Cada cultura tiene sus propios conceptos y sus técnicas específicas para criar a los niños, así como una serie de expectativas acerca de los patrones de comportamiento aprobado.

Socialización

La socialización es el proceso por el cual los individuos adquieren, del rango de potencialidades del comportamiento enormemente amplio que están abiertas para ellos en el nacimiento, aquellos patrones conductuales que son habituales y aceptables de acuerdo con las normas de sus familias y de los grupos sociales. Dentro de los límites establecidos por sus dotaciones y capacidades hereditarias, los niños en una cultura compleja y variada pueden llegar a ser casi cualquier tipo de persona: agresiva o apacible, competitiva o cooperativa, carnívora o vegetariana, motivada hacia el logro intelectual o no motivada al respecto, sexualmente expresiva o inhibida, dependiente o independiente, honesta o deshonesta, políticamente liberal o reaccionaria. Las posibilidades, en efecto, son casi infinitas; pero ordinariamente cualquier persona adopta sólo el comportamiento que se considera apropiado para sus propios grupos étnicos, sociales y religiosos. La forma en que ocurre esto constituye el problema central del estudio del proceso de socialización.

La cultura dentro de la cual crece el niño prescribe, en grado considerable, los *métodos* y las *metas* de la socialización, esto es, *en qué forma* el niño es adiestrado y *cuáles* características, motivos, actitudes y valores de la personalidad son adoptados. Existen, desde luego, aspectos universales de la socialización; cada cultura dispone mantener y perpetuarse a sí misma, establecer una forma ordenada de vida y satisfacer las necesidades biológicas de sus miembros. En todas las culturas

* C. Kluckhohn, *Mirror for Man* (Nueva York: McGraw-Hill, 1949), página 327.

debe alimentarse, adiestrar para el control de los esfínteres, y proteger al niño contra las enfermedades. Ninguna cultura puede sobrevivir y perdurar a menos que los impulsos agresivos, sexuales y la dependencia sean controlados hasta cierto punto, aunque las culturas difieren ampliamente en su tolerancia (o restrictividad) de la expresión de estos motivos.

Existen innumerables variaciones en los métodos que utilizan las culturas para alcanzar éstas y otras metas importantes. La forma estándar o prescrita de cuidar a los niños varía muchísimo de una cultura a otra. En la mayor parte de las culturas el niño tiene alguien que lo atiende, por lo regular la madre (sociedades monomaternas), pero existen culturas en las cuales muchas mujeres participan en la educación de un niño (culturas polimaternas). En algunas culturas, los bebés siempre son manejados suavemente y sus necesidades son atendidas con prontitud y en forma cabal, en tanto que en otras culturas, el bebé se ve frustrado de manera severa y frecuente. La mayor parte de los niños estadounidenses recibían el pecho de la madre sólo durante unos cuantos meses, pero en algunas culturas africanas se permite al niño tomar la alimentación del pecho de la madre hasta que tiene 5 o 6 años de edad. La cultura puede prescribir que el adiestramiento de "ir al baño" se realice gradualmente, o se espera que los niños obtengan el control urinario y fecal a la edad de 6 meses y se les castiga si reinciden después de eso. Desde luego, las formas que cada cultura tiene para manejar la crianza de los niños tienen una meta específica: facilitar la adquisición de patrones culturalmente aprobados de características de la personalidad, motivaciones, actitudes y valores, en otras palabras, producir individuos con estructuras de personalidad que se ajusten a la cultura y ayuden a mantenerla.

El adiestramiento para lograr estas metas comienza en un momento muy temprano de la vida. Por ejemplo, en el transcurso de los primeros tres meses los niños japoneses inician su adiestramiento para convertirse en personas orientadas hacia el grupo, para ser interdependientes en sus relaciones con otros individuos, y pasivos, en tanto que los bebés estadounidenses comienzan a aprender la independencia y la autoafirmación. Las madres estadounidenses son más vivaces y estimulantes en sus acercamientos a los niños, moviéndose alrededor de ellos, observándolos y utilizando un mayor número de vocalizaciones en sus intentos de excitar su interés. Las madres japonesas, por el contrario, pasan más tiempo con sus hijos en general, hablan con ellos a fin de tranquilizarlos cuando están inquietos y, en general, mantienen un enfoque tranquilizador hacia sus bebés. A la edad de 3 o 4 meses, los niños responden en formas culturalmente apropiadas:

El niño japonés parece pasivo, y se mantiene tranquilo con unas vocalizaciones tristes o monótonas, en tanto que su madre, al atenderlo, hace más arrullos, lo lleva durante más tiempo y mece más a su bebé. Parece tratar de tranquilizar y aquietar al niño y comunicarse con él físicamente en lugar de hacerlo de manera verbal. Por otra parte, el bebé estadounidense es más activo, tiene más vocalizaciones emotivas y explora su medio ambiente, en tanto que su madre al atenderlo mira y habla más a su hijo. Parece estimular al bebé a la actividad y a la respuesta vocal. Es como si la madre estadounidense quisiera tener un niño parlanchín y activo, y la madre japonesa quisiera un niño tranquilo y contento. En términos de los estilos que tienen las madres para atender a sus hijos en las dos culturas, parece que ellas obtienen lo que aparentemente pretenden.*

El adiestramiento posterior de los patrones de comportamiento culturalmente aprobados y de las interrelaciones sociales por lo general es consistente con el adiestramiento muy oportuno impartido por los padres, aun cuando pueden impartirlo otras personas: hermanos o hermanas mayores, familiares, maestros o dirigentes religiosos. Así, en Japón las experiencias posteriores del niño conducen a una creciente interdependencia en las relaciones sociales, en tanto que la trayectoria estadounidense desde muy temprano conduce a una mayor independencia de los demás. Así, en la familia estadounidense el niño probablemente se separará de la familia para dormir aparte dentro de los primeros años de la vida, en tanto que el niño japonés continúa durmiendo con sus padres durante la transición de la infancia a la niñez y es muy probable que duerma con un hermano o una hermana hasta aproximadamente la edad de 15 años.

A lo largo de toda su niñez, a los niños estadounidenses se les estimula para que confíen en sí mismos y sean independientes, al mismo tiempo que se les alienta para que nieguen los sentimientos de dependencia. El solicitar ayuda puede provocar ansiedad o sentimientos de inadecuación en los niños y adolescentes estadounidenses. En la cultura china tradicional, por otra parte, la independencia no es tan altamente estimada, y no es tan probable que el pedir ayuda produzca sentimientos de inferioridad.

La cultura estadounidense en general —en particular la cultura de la clase media— recalca la competencia y la realización personal. Desde muy temprano en la vida, los niños estadounidenses están enterados del valor de la realización, y a medida que crecen aumentan las

---

* W. Caudill y H. Weinstein, "Maternal Care and Infant Behavior in Japan and America", en *Readings in Child Behavior and Development*, 3a. ed., dir. C. S. Lavatelli y F. Stendler (Nueva York: Harcourt Brace Javanovich, 1972), pág. 84.

recompensas por la competencia y las actitudes competitivas se vuelven más fuertes. Por el contrario, el compartir y la cooperación son destacados por los indios *hopi* y en los *kibbutz* (granjas colectivas) de Israel, y desde un momento muy temprano en estas culturas se les desalienta de competir. En las aulas norteamericanas, la competencia tradicionalmente ha sido un motivo poderoso para hacer un buen trabajo en forma rápida y eficiente; entre los hopi, los niños que completan su trabajo muy rápidamente probablemente se "frenarán", porque no se muestran dispuestos a avergonzar a los demás. Los estadounidenses blancos probablemente se esforzarán por alcanzar posiciones "directivas" en la escuela o en la comunidad, pero los niños hopi rechazan tales honores, prefiriendo permanecer en el mismo plano, pero no superior, que sus compañeros.

Tipificación por sexo

En todas las culturas, determinadas tareas y actividades se asignan a los hombres, otras a las mujeres. Pero la naturaleza de la asignación varía de una cultura a otra. El cocinar, la atención de los animales domésticos y el tejido son actividades propias de las mujeres en algunas culturas, pero son obligaciones de los hombres en otras. La agresión, la confianza en sí mismo y la independencia se definen como atributos masculinos en la mayoría de las culturas, en tanto que los buenos modales, la obediencia y la responsabilidad se consideran como características femeninas. Existen muchas excepciones, sin embargo. Entre los *tchambuli*, una tribu de Nueva Guinea estudiada por la renombrada antropóloga Margaret Mead, las mujeres son adiestradas para que sean agresivas y dominantes en tanto que los hombres aprenden a ser emocionalmente dependientes, dóciles y sensibles. Los miembros de otras dos tribus que viven en la misma isla, tan sólo a unas millas de distancia, tienen ideas sumamente diferentes acerca del comportamiento apropiado a cada uno de los sexos. Entre los *arapesh*, las personas de ambos sexos son pasivas y cordiales; tanto los hombres como las mujeres de la tribu de los *mundugamor* son hostiles y suspicaces.

Consideremos también los cambios radicales en las definiciones del comportamiento apropiado al sexo en la cultura estadounidense en los años recientes. Las diferenciaciones tradicionales entre los papeles asignados a cada uno de los sexos, en particular en los campos del trabajo y la educación, se han disuelto en gran medida, y las características de la personalidad se definen menos rígidamente como masculinas o femeninas. Tales variaciones culturales e históricas en las definiciones del comportamiento apropiado de cada uno de los sexos y sus características atestiguan que es la cultura, y no el sexo biológico, lo que determina los papeles y las características asignadas a hombres y mujeres. No existe una base biológica para muchos de los patrones estándar o estereotipados de las características "masculinas" o "femeninas"; no es designio de la naturaleza que las mujeres sean pasivas, dependientes y no competitivas, ni que se aminore su potencial intelectual y se dediquen exclusivamente al hogar y a la familia.

La adolescencia en diferentes culturas

En algunas sociedades, tal como la estadounidense, la transición de la niñez a la edad adulta es relativamente abrupta y difícil. Durante la adolescencia, deben aprenderse con rapidez muchas tareas nuevas y deben adquirirse respuestas nuevas en el transcurso de un periodo breve. La cultura norteamericana exige que el adolescente resuelva muchos problemas simultáneamente: que alcance cierta independencia de la familia; que escoja una vocación y se prepare para ella; y que realice un ajuste heterosexual maduro, incluyendo el establecimiento de un hogar independiente. La cultura insiste en que los adolescentes hagan frente a todos estos problemas, aun cuando deseen permanecer seguros, dependientes y libres de responsabilidades. Dadas estas circunstancias, no es sorprendente que en la cultura estadounidense la adolescencia a menudo sea un periodo de tensión, de conflicto y de trastornos emocionales. De hecho, según lo que parece ser el punto de vista clásico —o por lo menos occidental— la adolescencia es un periodo de "tormenta y tensión", de necesidades y deseos contradictorios, de inestabilidad emocional y de rebelión contra los padres y las autoridades. Muchos psicólogos concluyeron que la perturbación emocional era una característica universal e inevitable de este periodo del desarrollo.

La preparación para la edad adulta —para la independencia, la vocación y la madurez sexual— es mucho más gradual y menos complicada en algunas otras sociedades, y en éstas existen muchos menos trastornos propios de la adolescencia. Margaret Mead señaló esto hace muchos años cuando condujo una investigación en Samoa, en donde la adolescencia constituye una época de relativa tranquilidad y felicidad. El curso general del desarrollo en Samoa es gradual, sin incidentes ni complicaciones; no existen saltos bruscos en el mundo del adulto ni en los nuevos papeles y responsabilidades. Los niños samoanos aprenden lo que es el sexo desde un momento muy temprano en la vida. Cuando llegan a la adolescencia, los muchachos y muchachas son sexualmente activos, experimentan las relaciones sexuales y las exploran sin dudas ni sentimientos de culpa. Como dice Mead, "la adolescencia no representó un periodo de crisis ni de tensión sino, en cambio, es un desarrollo ordenado de una serie de intereses y actividades que maduran lentamente".*

En otras sociedades, el niño se prepara en una forma mucho más gradual para la independencia, para su papel vocacional y para la sexualidad madura. Entre los indígenas de México, por ejemplo, los niños pequeños son tratados con gran clemencia y tienen pocas obligaciones asignadas, pero pronto comienzan a realizar algunos de los trabajos necesarios para la comunidad. A la edad de 6 o 7 años, la niña indígena mexicana típica comienza a cuidar de sus hermanos y hermanas más pequeños, va al mercado y ayuda a servir las comidas y a lavar los platos. Los niños de la misma edad comienzan a ayudar en la recolección de alimento en los campos y a cuidar animales grandes como cabras y burros. Gradualmente asumen responsabilidades mayores y realizan el trabajo que desempeñarán cuando sean adultos. Los padres son tolerantes y no apresuran a sus hijos para que hagan trabajos más allá de sus capacidades, pero esperan que ellos realicen algún trabajo esencial que sean capaces de hacer. En la cultura indígena mexicana, la adolescencia probablemente no será un periodo de tensión o de conflicto. Los adolescentes en los kibbutz de Israel, que viven comunalmente en sociedades de jóvenes, muestran relativamente pocos disturbios emocionales o rebeliones en contra de sus mayores e ingresan sin tropiezos en la sociedad adulta.

El ajuste a la sexualidad madura también está condicionado por factores culturales. Por tradición, el adiestramiento sexual (en la clase media estadounidense) ha sido sumamente restrictivo; se supone que niños y adolescentes deben inhibir sus respuestas sexuales, incluyendo los pensamientos acerca del sexo. Pero también se supone que los adultos revertirán estas actitudes establecidas desde temprano, en forma súbita, y disfrutarán la actividad sexual después del matrimonio. Como resultado, los conflictos sexuales son comunes; el aprendizaje temprano de la inhibición sexual y la ansiedad acerca del sexo pueden ser muy difíciles de superar.

Por el contrario, de los niños de una sociedad africana se espera que comiencen a prepararse para el funcionamiento sexual maduro desde una edad temprana. En esta sociedad, los niños de 9 y 10 años de edad construyen chozas pequeñas fuera de la aldea y, con la total aprobación de sus padres, los muchachos y muchachas comienzan a jugar que son marido y mujer. Estas relaciones sexuales entre niños y niñas pueden extenderse a la adolescencia, aunque a menudo existen

---

* M. Mead, *Coming of Age in Samoa* (Nueva York: William Morrow & Co., 1928), pág. 157.

intercambios de pareja hasta el matrimonio. En las sociedades como éstas existen pocos problemas de ajuste sexual entre los adultos.

Diferencias de clase social

La cultura estadounidense no es una entidad indiferenciada; es una sociedad compleja, diferenciada y pluralista, estratificada a lo largo de líneas étnicas y socioeconómicas —con muchas desigualdades sociales relacionadas con esta estratificación— y que sufren un cambio rápido. Cada grupo étnico y socioeconómico tiene su propia cultura distinta, su filosofía de la vida, su sistema de valores y sus patrones de comportamiento. Los niños de distintos segmentos de la sociedad norteamericana tienen diferentes experiencias de crianza infantil, diferentes oportunidades y distintas recompensas y, en consecuencia, difieren en su estructura de personalidad, comportamiento y actitudes.

Cuando entran a la escuela, los niños son agudamente conscientes de las distinciones de clase y de sus propias posiciones relativas en la jerarquía social. La gente de la clase media en la sociedad estadounidense puede satisfacer la mayoría de sus necesidades básicas sin grandes dificultades, y pueden compartir los valores de la sociedad. Sin embargo, la gente pobre debe preocuparse por sus necesidades básicas, alimento y abrigo, y se sienten fundamentalmente impotentes, inefectivos para influir o conformar sus destinos o la sociedad de la cual forman parte. Estas actitudes las comunican a sus hijos y, como podría esperarse, los niños negros y los blancos de clase baja obtienen puntuaciones inferiores en las pruebas de autoestimación y seguridad en sí mismos que los niños blancos de clase media. Además, los niños de clase inferior, en particular los negros, poseen un sentido de la eficacia personal mucho menos adecuado; se inclinan mucho menos que los niños blancos de clase media a pensar que sus propias acciones determinan lo que les sucede y, más bien, conciben su vida como algo que se halla bajo el control de acontecimientos externos.

En comparación con los padres de clase inferior, los de la clase media tienen grandes expectativas con respecto a sus hijos y presentan mayores demandas, recalcando la independencia, la confianza en sí mismos, la realización de metas elevadas, los logros educativos y la capacidad de diferir la satisfacción (esto es, de sacrificar las metas inmediatas para alcanzar objetivos más sustanciales de largo plazo). Tanto los estudios de observación como los experimentales indican que los niños de clase inferior desarrollan relativamente poca capacidad de diferir satisfacciones, debido a que para ellos el futuro es incierto y con frecuencia se sienten frustrados al intentar satisfacer sus necesidades básicas. Como no pueden depender de satisfacciones futuras, actúan de acuerdo con la filosofía de que "vale más pájaro en mano que cien volando".

La agresión física parece desempeñar un papel mayor en las vidas de la gente de clase inferior que en las de las personas de clase media; se ha encontrado que los niños de clase baja generalmente son más agresivos físicamente y beligerantes que los niños de clase media. La expresión sexual también está menos inhibida en la clase inferior, y es mucho mayor el número de adolescentes de esta clase, en comparación con los de clase media, que tienen relaciones sexuales.

Los adultos de clase inferior tienden a pensar en las relaciones personales en términos de poder. Tienen muy poca voz en las decisiones que afectan sus vidas diarias, y en su trabajo habitualmente son dirigidos y supervisados por otros. El progreso en el escalafón o en los salarios es más probable que se deba a esfuerzos de grupo (por ejemplo, a los sindicatos) que a la iniciativa individual. Por el contrario, el trabajo de los adultos de clase media es mucho más probable que entrañe alguna elaboración de tipo político, dirección propia y autonomía; el éxito en el trabajo con mayor probabilidad se deberá a la iniciativa y destreza propias. Estas diferencias de clase social en el estilo de vida y en filosofía se reflejan en las técnicas de crianza y adiestramiento infantil. La orientación hacia el poder de los padres de clase inferior se manifiesta en su frecuente uso de demandas directas, amenazas, privación y castigo coercitivo al disciplinar a los niños muy pequeños, aunque estos padres pueden volverse más tolerantes cuando sus hijos crecen. Los padres de clase media, al estar más preocupados por los sentimientos personales y las relaciones sociales, con mayor probabilidad serán tolerantes con los bebés y los niños muy pequeños, utilizando una disciplina orientada hacia el amor (retiro del afecto, desaprobación, vergüenza, sentimientos de culpa) para influir en el comportamiento; pero ejercen mayores controles y otorgan más supervisión cuando sus hijos son adolescentes.

Como podría esperarse, los padres de clase media recalcan la motivación de logro, el aprendizaje y la realización educativa mucho más que los padres de clase inferior. En un estudio, se pidió a madres negras de cuatro clases sociales diferentes que enseñaran a sus niños de 4 años de edad varias tareas que a ellas mismas les había enseñado el investigador:

> Era más probable que las madres de clase media proporcionaran una orientación hacia la tarea del niño, que solicitaran una retroalimentación verbal en lugar de cumplimiento físico, que fueran específicas en sus instrucciones, que utilizaran técnicas de motivación que suponían recompensa explícita o implícita y, en varias medidas, que dieran

al niño la información que necesitaba para completar la tarea y vigilaran su ejecución.

Estos estudios sobre el comportamiento materno observado concuerdan al representar a las madres de clase media como más atentas y con mayor capacidad de responder a sus hijos y, aparentemente, más conscientes de los sentimientos y las perspectivas de sus hijos acerca de las actividades en que se ocupan... También tienden menos a utilizar el castigo orientado hacia el poder en las técnicas de influencia, y con mayor probabilidad explicarán al niño las razones que sustentan una petición y proporcionarán ideas y palabras a través de las cuales puede mediarse el control materno.*

Los grupos étnicos dentro de una sociedad también difieren notablemente en su énfasis en la motivación de logro. Por ejemplo, un gran número de madres e hijos de seis grupos étnicos estadounidenses —canadienses de habla francesa, italianos del sur, griegos, judíos de Europa oriental, negros del noreste de los Estados Unidos y nativos blancos protestantes— fueron entrevistados acerca del adiestramiento para la independencia, las orientaciones hacia la realización y las aspiraciones vocacionales y ocupacionales. Las madres judías expresaron las más grandes aspiraciones para sus hijos y esperaban que fuesen independientes y confiados en sí mismos a una edad relativamente temprana. Estas madres, lo mismo que las griegas, las protestantes blancas y las madres negras, estimulaban los valores activos, orientados hacia el futuro e individualistas y tenían aspiraciones educativas y ocupacionales más altas para sus hijos que las madres italianas y las canadienses. Aunque las madres negras también expresaron metas individualistas y aspiraciones elevadas de índole educativa para sus hijos, en términos realistas tenían, probablemente, las metas ocupacionales más bajas de todos los grupos. Como podría predecirse por las actitudes de sus madres y sus aspiraciones, los niños judíos, griegos y protestantes blancos tenían una motivación de logro mayor que los italianos, los canadienses de habla francesa y los negros.

---

* R. D. Hess, "Class and Ethnic Influences upon Socialization", en *Carmichael's Manual of Child Psychology*, 3a. ed., dir. P. Mussen (Nueva York: John Wiley & Sons, 1970), pág. 480.

5

Desarrollo de la personalidad: influencias familiares, de los compañeros y situacionales

Como lo ha aclarado nuestro análisis, la socialización está fuertemente influida por las *prescripciones culturales*. Sin embargo, estas prescripciones deben ser comunicadas inicialmente por los miembros de la familia del niño, por los representantes de la cultura con quienes el niño mantiene las relaciones más íntimas.

LA FAMILIA

El primer aprendizaje social de los niños tiene lugar en el hogar; sus primeras experiencias con sus familias, particularmente los vínculos con sus madres, generalmente se supone que constituyen antecedentes críticos de las relaciones sociales posteriores.

En forma característica, la madre satisface las necesidades primarias de su hijo en lo que se refiere a alimento, para aliviarle el dolor, brindarle calor y, tal vez, para estimularlo táctilmente (que puede ser un impulso básico e innato). En consecuencia, la presencia de la madre —los estímulos visuales, auditivos, táctiles y cinestésicos que ella presenta— llega a estar asociada con la satisfacción de necesidades, y ella comienza a significar placer, alivio de la tensión y motivo de contento.

La primera relación significativa que existe entre madre e hijo ha sido generalmente aludido como *apego*, o, en ocasiones, como *dependencia*, que en realidad constituye una relación recíproca. "El niño desamparado provoca que se le otorgue atención y otras respuestas de la madre, y ésta, a su vez, evoca consideración visual, vocalizaciones, sonrisas y movimientos de acercamiento en el niño. Estas respuestas infantiles, estimulan un comportamiento tierno y afectuoso en la madre."*

* L. J. Yarrow y F. A. Federson, "Attachment: Its Origins and Courses", en *The Young Child: Reviews of Research*, ed. W. W. Hartup (Washington, D. C.: National Association for the Education of Young Children, 1972), pág. 54.

Durante los primeros meses de vida, los bebés no discriminan en cuanto a responsabilidad social, le sonríen como respuesta a todo mundo y a todo rostro sonriente. A partir de la edad de 6 o 7 meses, sin embargo, comienzan a diferenciar entre sus madres y otras personas. Reaccionan en forma especialmente favorable hacia sus madres, sonriéndoles y vocalizando con mayor frecuencia hacia ellas que a las demás personas, mostrando una mayor preferencia por ellas y más iniciativa para hacer contacto con sus madres, así como observándolas durante periodos de tiempo más prolongados y tranquilizándose con su presencia. Cuando el bebé integra un concepto más elaborado y coherente de la madre, comienza a desarrollar determinadas expectativas asociadas con ella, buscando estar en proximidad y acercándosele en cualquier situación de tensión: hambre, dolor, incomodidad o temor. Si la madre es cariñosa y atiende a las necesidades de su hijo con prontitud y efectividad, ella recompensa estas respuestas de acercamiento, y entonces probablemente dichas respuestas se repetirán. Cuando se coloca a niños de 9 o 10 meses de edad en una habitación con juguetes atractivos pero sin sus madres o personas que los atienden, la mayor parte de ellos muestra una considerable inquietud, a menudo lloran y se niegan a explorar la habitación. Por otra parte, si las personas que los atienden permanecen con ellos en la habitación, los niños de esta edad exploran con libertad y producen frecuentes vocalizaciones; en estas condiciones, también se muestran menos cautelosos ante los extraños. En un ambiente nuevo, los niños de entre 18 y 30 meses dedican más tiempo a jugar si pueden ver con facilidad a sus madres y pueden hacer contacto visual con ellas (si están sentadas al otro lado de la habitación y no detrás de ellos ni detrás de una pantalla). En realidad, dejan de mirarla con insistencia; en cambio, el saber que ella está ahí les permite jugar libremente. Los bebés derivan seguridad de la presencia de quienes los atienden y de la oportunidad de estar en contacto con ellos.

El apego se refiere a una relación duradera entre una persona que cuida de un niño (por lo regular la madre) y éste, en la que quien atiende al niño es preferido a los demás, se busca el contacto con él y sirve como una base segura de exploración. Existen marcadas diferencias individuales en la *calidad* de los apegos entre madre e hijo. Algunos bebés mantienen con sus madres una relación de apego segura; otros sólo mantienen una relación débil. Los bebés que tienen una relación segura de apego, consideran a la madre como una base segura; cuando ella está presente, exploran el ambiente sin ansiedad, volviéndose para verla y acudiendo a ella de vez en cuando.

No pueden determinarse en forma directa las diferencias en cuanto a la *calidad* del apego de los bebés, pero puede inferirse de las observaciones de las interacciones entre los niños y quienes los atienden. En los estudios más sistemáticos de este problema, Mary Ainsworth y sus colegas hicieron uso de una "situación extraña", estándar y controlada. La madre y su hijo de 1 año de edad primero fueron trasladados a una habitación desconocida en la cual había una provisión de juguetes atractivos. Después de un periodo breve (tres minutos), un extraño entraba a la habitación y se aproximaba al niño; entonces salía la madre, dejando al niño con el extraño; cuando la madre volvía, el extraño abandonaba el cuarto. Se dedicó particular atención a las reacciones del niño en el momento en que la madre regresaba. Los niños con una relación *segura de apego* mostraban un comportamiento más intenso al respecto cuando se les reunía con sus madres; esto es, los niños hacían intentos más vigorosos de estar cerca de ella y de permanecer en contacto con ella. Los niños con un apego menos firme mostraban diferentes reacciones. Algunos de ellos se mostraban *elusivos,* manteniéndose aparte o ignorando a su madre; otros parecían estar en conflicto, acercándose a ella y buscando contacto al principio, y después tratando de apartarse de ella girando, gateando o mirando hacia otra parte. Otro grupo de bebés mostró al mismo tiempo comportamientos de apego y cólera; sus interacciones eran claramente *ambivalentes.*

¿Qué es lo que determina la calidad del apego entre madre e hijo? De acuerdo con Ainsworth, la variable crítica la constituyen las reacciones de la madre ante las necesidades de su hijo. Las madres de los niños con una relación bien establecida de apego eran generalmente sensibles, cooperadoras, tolerantes y accesibles en sus interacciones con sus hijos. Las madres de los niños elusivos, por el contrario, eran rechazantes, insensibles, y poco inclinadas a responder, quienes a menudo eran inaccesibles cuando sus hijos las necesitaban y frecuentemente interferían en las actividades de sus hijos. Un niño llega a tener una segura relación de apego con su madre cuando ésta "es lo suficientemente accesible para recibir las señales del hijo... puede interpretarlas en forma precisa y... su respuesta a ellas es pronta y apropiada".*

La calidad del apego del niño parece ser estable, por lo menos durante la infancia. De 50 bebés clasificados en las categorías de "con una segura relación de apego", "elusivos" o "ambivalentes" a los 12 meses de edad, 48 fueron clasificados en la misma forma, al ser calificados de manera totalmente independiente, a los 18 meses de edad.

La calidad del apego temprano se correlaciona con algunas de las características cognoscitivas y emocionales subsecuentes del niño. Los ni-

---

* M. D. S. Ainsworth, "The Development of Infant-Mother attachment", en *Review of Child Development Research,* Vol. 3, dir. por B. M. Caldwell y H. N. Ricciuti (Chicago: University of Chicago Press, 1973), pág. 49.

ños con una relación de apego segura a los 12 meses obtuvieron calificaciones más altas que otros en pruebas de inteligencia y se mostraron
más complacientes respecto de las solicitudes de sus madres a la edad
de 2 años. Cuando fueron comparados con los niños que tenían una
relación segura de apego, los niños clasificados como elusivos a los 12
o 18 meses de edad con mayor probabilidad eran negativos o no com-

placientes (al hacer lo contrario de lo que se les pedía que hicieran) o sólo parcialmente complacientes con sus peticiones. En un escenario experimental, era más probable que buscaran ayuda de un experimentador que de sus madres.

De acuerdo con muchos teóricos y clínicos, el desarrollo del apego —y la interdependencia y los intensos sentimientos que entran en juego— constituyen los fundamenos de un *sentido de confianza* en otros y en el mundo. Si la madre es la fuente de experiencias recompensantes y satisfactorias, el niño confiará en ella. Esta confianza se generalizará a otros y se reflejará en actitudes sociales favorables y en acercamientos sociables y amistosos con respecto a otras personas. Por el contrario, una madre que no es confiable y no atiende en forma adecuada a las necesidades del bebé, no suscita un sentimiento de apego en el niño. Más bien su descuido produce desconfianza en el niño, que entonces se generaliza a los demás.

Erik Erikson, el famoso psicoanalista, afirma que:

> . . .las experiencias vinculadas con la alimentación son una fuente primaria para el desarrollo de confianza. Alrededor de los cuatro meses de edad, un niño hambriento se tranquilizará y mostrará señales de placer al oír que alguien se acerca, anticipando (confiando) en que se le levantará en brazos y se le alimentará. Esta experiencia repetida de estar hambriento, de ver el alimento, de recibirlo y de sentirse aliviado y confortado asegura al niño que el mundo es un lugar confiable.*

Otros psicólogos del desarrollo están de acuerdo con las ideas de Erikson:

> El desarrollo de expectativas específicas hacia la madre es seguido por la aparición de un nivel más alto de relación, el desarrollo de la confianza o seguridad. El niño muestra esta seguridad al poder esperar si las satisfacciones no se presentan de inmediato. Tiene la esperanza confiada de que su madre le responderá en formas que pueden predecirse, que ella lo tranquilizará, o le dará los objetos necesarios para su satisfacción. Esta confianza está asociada con una fuerte participación efectiva e interdependencia mutua. En una edad posterior, da muestras de confianza al dejar a la madre y explorar un ambiente extraño, seguro en su conocimiento de que su madre estará ahí para confortarlo. Aunque la calidad del apego cambia a lo largo del ci-

---

* E. Erikson, "The Course of Healthy Personality Development" (Midcentury White House Conference on Children and Youth) en *The Adolescent: A Book of Readings,* dir. J. M. Seidman (Nueva York: Holt, Rinehart & Winston, 1960), pág. 219.

clo de desarrollo, la confianza y la participación emocional positiva siguen siendo los elementos centrales.†

Estos textos indican claramente que una fuerte relación de apego con la madre durante la infancia produce efectos positivos en el desarrollo y ajuste subsecuentes del niño. Ciertamente existe una evidencia sustancial que apoya este punto de vista. Los bebés que fueron criados en ambientes emocionalmente fríos y poco estimulantes —por ejemplo, las instituciones en donde la asistencia que se brinda es rutinaria y con muy poca atención individual— no forman fácilmente relaciones de apego con otras personas. Los pediatras han advertido que los bebés criados en tales ambientes tienden a ser quietos, pasivos, inactivos, poco felices y emocionalmente perturbados.

Los estudios sistemáticos refuerzan estos hallazgos clínicos, al mostrar que el apego inicial a la madre —o a la madre sustituta— generalmente beneficia al niño, en tanto que el no proceder en esta forma tiene consecuencias adversas inmediatas y duraderas. En un estudio, niños huérfanos que habían sido criados en una institución marginada y psicológicamente inadecuada, durante los primeros meses de su vida, fueron trasladados a un escenario más estimulante. Cada niño fue atendido por una persona, la cual le hablaba, jugaba con él y le proporcionaba juguetes. Estos niños mejoraron notablemente en su agilidad mental y en inteligencia. Al año de edad, la ganancia promedio en la calificación de pruebas de inteligencia que se les aplicaron fue de 27 puntos. Un grupo control de niños, que permanecieron en la institución poco estimulante, mostraron un descenso promedio de 16 puntos durante el mismo periodo.

Otras consecuencias de una crianza infantil emocionalmente inadecuada fueron demostradas en un estudio realizado en Irán. Los bebés de un orfanatorio marginado, que fueron manejados en forma impersonal, que no tenían juguetes y disfrutaron de pocas oportunidades de practicar las actividades motoras, fueron comparados con un grupo ubicado en un orfanatorio más estimulante, en el cual recibieron más atención personal, tuvieron más juguetes y disfrutaron mejores oportunidades de realizar prácticas motoras. Los niños del orfanatorio estimulante estuvieron considerablemente más contentos, eran más maduros desde el punto de vista emocional y más felices que los otros, y durante su segundo año estaban más adelantados en capacidad motora.

Es posible emprender un trabajo experimental interesante y al mismo tiempo ser muy humano, como lo demuestra el siguiente estudio. Una bondadosa psicóloga se convirtió en la "madre" de ocho bebés

† Yarrow y Pedersen, "Attachment", pág. 59.

en un orfanatorio durante ocho semanas. Ella estableció una relación cálida e íntima con cada uno de los niños bajo su cargo, atendió personalmente sus necesidades durante ocho horas al día, jugó con ellos, les sonrió, los arrulló y les habló. Un grupo control de ocho bebés fue manejado en una forma rutinaria e impersonal, aunque bondadosa, por diversos miembros del personal de la institución. Estos últimos niños tenían poca atención individualizada y no formaron ninguna relación de apego con los adultos. Los dos grupos de bebés mostraron pronunciadas diferencias en el comportamiento al final del periodo experimental. Los que habían formado relaciones de apego con la madre sustituta eran amistosos y sociables, vocalizaban, arrullaban y sonreían cuando el experimentador-mamá o los extraños les sonreían o les hablaban. Los del grupo control eran mucho menos sociables y produjeron muchas menos pruebas de estar interesados en otras personas.

Los efectos a largo plazo del tratamiento maternal temprano

El hecho de no lograr establecer una fuerte relación de apego con la madre al principio de la infancia también puede producir efectos adversos muy importantes a largo plazo. Harry Harlow, de la Universidad de Wisconsin, eminente investigador del comportamiento de los primates, mantuvo a algunos monos bebés de ambos sexos en jaulas de alambre individuales, de manera que no tuvieran contacto con sus madres durante los primeros meses de su vida; obviamente, estaban privados del apego y el afecto maternales. Cuando llegaron a la edad adulta, cada uno de estos monos socialmente privados fue apareado con otro mono normal del sexo opuesto. Los animales que fueron objeto de privación eran incapaces de establecer relaciones de efecto ni podían desempeñar la actividad sexual normal. Por ejemplo, los machos que fueron objeto de privación mostraron mayor agresión, producían más actos amenazadores e incluso llegaron a atacar físicamente a sus compañeras. Las hembras que fueron sometidas a privación permitían que los machos normales se les acercaran durante periodos de tiempo muy breves —en respuestas a la iniciativa masculina— pero evitaron el estar cerca de los machos durante más de un minuto en cada ocasión. "Es evidente que el hecho de haberse visto privados de la experiencia afectuosa en una etapa temprana de la vida elimina la posibilidad de relaciones heterosexuales reproductivas posteriormente."*

* H. F. Harlow, *Learning to Love* (San Francisco: Albion Publishing Company, 1971), **pág.** 59.

Al carecer de pruebas directas, no podemos generalizar estas conclusiones acerca de los efectos de la privación efectiva temprana en el comportamiento sexual. Sin embargo, existen abundantes pruebas de que la institucionalización temprana y el hecho consecuente de que no se formen relaciones de apego puede conducir a subsecuentes deficiencias cognoscitivas y a desajustes de la personalidad. Un investigador comparó dos grupos de huérfanos criados en escenarios diferentes durante sus primeros tres años de vida. Los niños de un grupo habían sido adoptados en hogares sustitutos cuando eran bebés y habían tenido la oportunidad de formar relaciones de apego con sus madres sustitutas debido a que se les había proporcionado atención, crianza, cordialidad y cuidados individuales maternos adecuados. El otro grupo había permanecido en una institución durante tres años, en los cuales recibió atención impersonal y cuidados maternos inadecuados; no tenían relaciones afectivas intensas con ninguna figura materna particular. Muchos de estos niños fueron colocados posteriormente en hogares adoptivos después de vivir tres años en la institución.

El investigador estudió longitudinalmente a los niños en cuatro ocasiones distintas: a los 3½, 6½, 8½ y 12 años de edad. Los observó y les administró pruebas de inteligencia, de aprovechamiento educativo, de personalidad, de coordinación motora, de madurez social y de capacidad lingüística.

El grupo criado en la institución padecía de un relativo retraso intelectual. En todas las edades se desempeñaron con mayores deficiencias que los niños criados en hogares adoptivos en pruebas de inteligencia, especialmente en los campos de formación de conceptos, razonamiento y pensamiento abstracto. Las dificultades en cuanto a lenguaje y habla fueron más comunes entre los niños criados en la institución y persistieron considerablemente después de que habían salido del orfanatorio.

La personalidad y el ajuste también parecieron afectados en sentido adverso por la educación recibida en la institución. Los que fueron criados en el orfanatorio tenían más fuertes desajustes que los demás; carecían de autocontrol y se comportaban en forma más agresiva. Se distraían con mayor facilidad y eran hiperactivos, con mayor frecuencia mentían, robaban, destruían objetos, sufrían accesos de rabietas y golpeaban y pateaban a los demás. Además, eran más dependientes de los adultos, exigían atención con frecuencia y pedían ayuda innecesariamente.

Los niños criados en la institución no habían desarrollado un sentido básico de confianza hacia otras personas. Sus reacciones sociales eran superficiales y parecían ser emocionalmente apartados e insensibles, evitaban fuertes apegos emocionales. El investigador concluyó que el desajuste social y emocional que persistía hasta la adolescencia era resultado de las severas privaciones y de la insensibilidad emocional de su ambiente inicial.

Al interpretar estos hallazgos, debemos tener presente que estos efectos notables fueron advertidos en niños que habían sido *marcadamente* privados de atención personal, de cordialidad y de asistencia maternal en sus primeros años. Las consecuencias de grados menores de privación, esto es de atenciones maternales levemente inadecuadas y, consecuentemente, de apegos más débiles, no se conocen.

Técnicas de crianza infantil durante el segundo año

Durante el segundo año de vida del niño surgen muchas destrezas cognoscitivas, motoras y lingüísticas nuevas e importantes. Aumenta la comprensión que tiene el niño del mundo y mejora su capacidad de pensar y resolver problemas. Concomitantemente, aprende a caminar y sus destrezas manuales y su coordinación motora progresan con rapidez; su competencia en el lenguaje mejora enormemente. Los niños de dos años de edad disfrutan al ejercitar sus nuevas destrezas y capacidades, al investigar el medio que los rodea y al probar sus habilidades novedosas. Si sus padres los estimulan a explorar libremente, recompensando su curiosidad y su comportamiento independiente, pueden continuar su investigación en el medio e intentan manipularlo activamente. Es probable que tales niños desarrollen espontaneidad, curiosidad y confianza en sí mismos, así como fuertes impulsos hacia la autonomía, la independencia, el dominio, la competencia y la realización.

Los padres que restringen severamente la libertad de movimiento de sus hijos pueden inhibir sus tendencias a explorar y a investigar, y así sofocan el desarrollo de motivaciones en favor de la autonomía y la independencia. Algunas madres encuentran difícil tratar con niños activos que corren, saltan y trepan y que parecen estar en todo; de aquí que desalienten la exploración y los intentos de experimentar. Otras madres son excesivamente protectoras, tienden a atender solícitamente a sus hijos, con lo cual desalientan la independencia e intentan conservarlos cerca y estar pendientes de ellos, tal vez porque consideran a la independencia como una amenaza a su propia dominación, control y posesión de los hijos. Muchos niños sobreprotegidos llegan a ser sumisos y complacientes; incapaces o temerosos de producir respuestas espontáneas; inhibidos en la investigación, exploración y experimentación; tímidos y apartados de las situaciones sociales. Estos niños carecen de persistencia; renuncian con facilidad cuando se enfrentan a tareas o problemas difíciles, probablemente como resultado de la falta de recompensas por sus tempranos esfuerzos de resolver problemas y debido a la tendencia de sus padres de realizar el trabajo por ellos. Como la persistencia a menudo es necesaria para aprender los temas académicos, un niño sobreprotegido puede estar en desventaja cuando entre a la escuela.

La estimulación y el aliento de los padres frente a las realizaciones, la exploración y los intentos independientes de dominio pueden afectar su comportamiento posterior en formas positivas. Por ejemplo, entre los niños de la escuela de párvulos, los que tienen madres que estimulan la independencia y la realización tempranas tienden a mostrar mayor interés que otros por el dominio y el logro. Dedican más tiempo a actividades desafiantes y creativas tales como pintar, modelar con barro y leer libros. Cuando llegan a la edad escolar están, de acuerdo con las pruebas de personalidad, más fuertemente motivados para el logro y sus calificaciones son mejores que las de los niños que no fueron recompensados por sus primeros impulsos de independencia. Aparentemente, la motivación poderosa para aprender y para desempeñarse bien en la escuela se estimula cuando los padres alientan la competencia en una época temprana de la vida. Además, la motivación para la realización aparece como un aspecto estable de la personalidad. Si se desarrolla en un momento temprano, probablemente se mantendrá durante un largo periodo de años.

Los efectos de diferentes tipos de atmósferas hogareñas

A medida que un niño madura y aumenta su capacidad, sus relaciones con sus padres se vuelven más complejas y sutiles. Las características generales del hogar, como son la cordialidad, la democracia, la intelectualidad, la afectividad, la fricción, la tolerancia (o intolerancia), los castigos y la firmeza de la disciplina, comienzan a ejercer efectos profundos sobre muchos aspectos del comportamiento y el desarrollo del niño.

Esto quedó claramente demostrado en una serie de estudios realizados por Diana Baumrind, del Instituto de Desarrollo Humano de la Universidad de California, en Berkeley. Baumrind concentró su atención en las clases de relaciones padre-hijo en lo referente a competencia, confianza en sí mismo e independencia en niños muy pequeños. Se observó atentamente a los niños de la escuela de párvulos y se les calificó de acuerdo con escalas de autocontrol, curiosidad por estímulos nuevos y excitantes, confianza en sí mismos y temperamento general (satisfacción y entusiasmo). Se delinearon tres grupos contrastantes de niños: primero, los que más confiaban en sí mismos, que tenían más control sobre sí mismos, exploradores y contentos; segundo, los niños descontentos, apartados y desconfiados, y tercero, los menos confiados en sí mismos, menos exploradores y con menos control de sí mismos. Visitas realizadas a los hogares de los niños y las observaciones estructuradas de las interacciones entre padres e hijos proporcionaron los principales datos utilizados para evaluar varios aspectos importantes de la crianza de los niños, específicamente, el *control* paterno, las *demandas de madurez* (presiones ejercidas sobre los niños para que se desempeñen al nivel de su capacidad y para que tomen decisiones propias), la *claridad de comunicación* y el *afecto de los padres* (cordialidad hacia, y participación con, el niño).

Los resultados mostraron que los tres grupos de niños experimentaban patrones de crianza infantil sumamente diferentes. Por ejemplo, los padres de los niños del primer grupo (los más maduros, competentes y confiados en sí mismos) obtuvieron calificaciones altas en las cuatro dimensiones de la relación padre-hijo; es decir, estos padres ejercían control y eran exigentes, pero al mismo tiempo eran cordiales, racionales, comunicativos y receptivos respecto de las comunicaciones de sus hijos. El investigador tituló a este patrón como *asertivo*; supone un equilibrio entre el cariño y el control, entre demandas fuertes y comunicaciones claras, junto con el estímulo de la exploración independiente del niño.

Los padres de los niños descontentos, apartados y desconfiados del segundo grupo eran en sí mismos apartados y ejercían control en alto grado, eran menos cordiales y más punitivos que los padres de los demás grupos. Fueron denominados padres *autoritarios*.

Los padres de los niños del tercer grupo, los que menos confiaban en sí mismos y los que ejercían menor autocontrol, eran *tolerantes* (cordiales, apoyadores y cariñosos, pero se inclinaban a ser excesivamente protectores y mantenían una débil disciplina); presentaban pocas demandas a sus hijos y hacían poco por estimular su independencia.

En un estudio ulterior de estas relaciones, la investigadora refinó y elaboró las definiciones de los tres tipos de crianza infantil. Ella relacionó estas prácticas con la competencia, la independencia y la responsabilidad de otro grupo grande de niños y niñas. Nótense los contrastes en los siguientes resúmenes de las relaciones paternas.

Los padres *autoritarios* intentan conformar y controlar al comportamiento del niño así como sus actitudes, de acuerdo con una norma establecida de conducta. Son virtudes importantes la obediencia, la reverencia a la autoridad y el respeto por el trabajo y el orden. Los medios punitivos y coercitivos se utilizan para disciplinar al niño; no se estimula el toma y daca verbal.

Los padres *asertivos*, por el contrario, intentan dirigir la actividad del niño en una forma racional, estimulan la comunicación verbal e informan al niño del razonamiento que sustenta sus decisiones. Estiman la autoexpresión, la independencia, los intereses individuales y las características singulares de sus hijos. De aquí que, aunque ejerzan un firme control en ocasiones, no encierran al niño con restricciones.

Los padres *tolerantes* son antipunitivos, aceptan los impulsos, los deseos y las acciones del niño. Hacen pocas demandas al niño respecto de su responsabilidad o para mantener el orden, permitiendo que el niño regule sus propias actividades tanto como sea posible. Evitan controlar al niño, consultan con él acerca de las decisiones y dan explicaciones de las reglas familiares.*

El estudio demostró claramente que los padres *asertivos* eran los más efectivos para promover el desarrollo de la competencia, la responsabilidad y la independencia. Las demandas insistentes de madurez y firmeza en cuestiones disciplinarias parecen estar asociadas tanto con la afirmación de sí mismo como con la responsabilidad social en los niños muy pequeños. En comparación con los padres tolerantes y los autoritarios, los asertivos tienen más probabilidades de producir niños responsables, amistosos, cooperadores y orientados hacia el logro, especialmente si se trata de varones. La investigadora sugiere que aunque los padres asertivos y los autoritarios predican el comportamiento responsable, los últimos no lo practican; están más preocupados por sus propias ideas y normas que por los intereses y el bienestar de los niños. Los padres asertivos, por otra parte, al mismo tiempo predican y practican el comportamiento responsable; de aquí que sus hijos se comporten en una forma más responsable. Los padres tolerantes hacen poco por estimular o recompensar el comportamiento responsable o por desalentar el comportamiento inmaduro. A sus hijos claramente les falta responsabilidad y comportamiento orientado hacia el logro.

La independencia y la orientación hacia el logro en las niñas se asocian evidentemente con la crianza asertiva; en los niños, el comportamiento no conformista de los padres y, en menor grado, la educación asertiva están asociados con estas características. La investigadora concluyó que:

> ...los padres que proporcionaron a sus hijos el ambiente más enriquecido, a saber, los padres asertivos y no conformistas tuvieron los hijos

---

* Las descripciones de los padres se han resumido de D. Baumrind, "Authoritarian contra Authoritative Parent Control", *Adolescence*, 3 (1968), págs. 255-272.

más dominantes y determinados. Estos padres, en comparación con los demás estudiados, establecieron normas elevadas de excelencia, invocaron el discernimiento cognoscitivo, proporcionaron una atmósfera intelectualmente estimulante, se calificaron a sí mismos como diferenciados e individualistas y presentaron demandas educativas apremiantes al niño.*

La cordialidad, el apoyo y el cariño de los padres son antecedentes críticos de la madurez, independencia, confianza en sí mismos, competencia y responsabilidad de los niños. Pero el amor y el apoyo no bastan para asegurar el desarrollo de estas características. Otros requisitos previos son la comunicación adecuada entre padres e hijos; el uso de la razón y no del castigo para obtener el cumplimiento; el respeto de los padres por la autonomía del niño; el estímulo de la independencia, la individualidad y la responsabilidad; así como un control relativamente firme y demandas apremiantes para observar un comportamiento maduro. En resumen, las prácticas asertivas de los padres, y no la disciplina autoritaria ciega, facilitan el desarrollo de un comportamiento personal y social maduro en los niños.

Interacciones familiares y comportamiento agresivo

Sin pretenderlo, los miembros de la familia pueden iniciar y perpetuar el comportamiento indeseable y mal adaptado de los niños, como lo es la excesiva agresividad. Esto quedó claramente demostrado en una serie de estudios de los antecedentes y del tratamiento de muchachos sumamente agresivos entre las edades de 4 y 15 años que realizó Gerald Patterson en Oregón.† Los niños y sus familias se convirtieron en participantes en los estudios cuando fueron remitidos a una clínica debido a que frecuentemente mostraban niveles elevados de comportamiento agresivo. Eran retadores y negativos, y peleaban mucho en casa y en la escuela. Las familias control, apareadas con la población clínica en cuanto a edad, situación socioeconómica y otras variables importantes, también fueron estudiadas.

Los estallidos de agresión de los niños agresivos eran, en grado considerable, reacciones a frustraciones y castigos recibidos en sus propios hogares. Observaciones detalladas confirmaron que el niño agresivo

* D. Baumrind, "Socialization and Instrumental Competence in Young Children", en *The Young Child: Reviews of Research*, ed. W. W. Hartup (Washington, D. C.: National Association for the Education of Young Children, 1972), pág. 217.

† G. R. Patterson, "Reprogramming the Families of Aggresiv Boys", en *Behavior Modification in Education* (Yearbook of the National Society for the Study of Education), dir. por C. E. Thresen (Chicago: University of Chicago Press, 1972), págs. 154-194.

crece en una atmósfera agresiva; todos los miembros de su familia —padres y hermanos— manifestaron ser más agresivos que sus contrapartes de las familias control. Los miembros de la familia del niño agresivo se inclinan a sostener "sistemas de estímulos de mantenimiento"; esto es, estimulan y perpetúan las respuestas agresivas mutuas. Por ejemplo, supongamos que una niña molesta a su hermano mayor; éste responde gritándole porque ha aprendido, por experiencias anteriores, que esto puede hacer que deje de molestarlo. Pero si, en esta ocasión, la niña incrementa su actividad, es probable que las respuestas agresivas de él aumenten. Puede gritar en voz muy alta y lanzar improperios, y si ella continúa molestándolo, puede golpearla una y otra vez y repetir este modo de proceder. Esta clase de incidente de aumento de la agresión fue cinco veces más frecuente en los hogares de los niños agresivos que en las familias control. Una vez comenzada, una respuesta agresiva probablemente se repetirá varias veces dentro de un periodo de tiempo muy breve; los niños agresivos tienden a presentar "estallidos" de actividad agresiva.

Las prácticas disciplinarias de los padres de los niños agresivos fueron marcadamente diferentes de las que utilizaron los padres control. Las reacciones de los primeros ante la expresión agresiva del niño fueron sumamente inconsistentes: a veces recompensaron las respuestas hostiles al aprobarlas, al poner atención o al cumplir los deseos del niño y, en otras ocasiones, castigaron esas mismas respuestas en forma severa dándoles una zurra. A menudo amenazaron con castigar pero no cumplieron sus amenazas. Cuando los padres control amenazaron con castigar la agresión, ordinariamente cumplieron sus amenazas.

Los investigadores concluyeron que como las reacciones de la familia estimularon y mantuvieron la actividad agresiva del niño, la alteración de los patrones de reacción de la familia darían por resultado una reducción en la expresión agresiva del niño. Por lo tanto, diseñaron un programa de modificación del comportamiento que los padres pudieran implementar, y el programa resultó sumamente exitoso, como veremos posteriormente.

Identificación

Como hemos visto, muchos de los patrones de respuesta del niño, sus características, sus actitudes y sus motivos son adquiridos como resultado del aprendizaje social y de las recompensas obtenidas en el hogar. Otras reacciones motivacionales y emocionales, parecen ser adquiridas espontáneamente sin un adiestramiento directo y sin recompensas específicas. Tal vez el lector ha observado niñas de escuela de párvulos cuyas posturas, formas de moverse e inflexiones de lenguaje son duplicados de los de sus madres. No es probable que sus madres deliberadamente les "enseñaran" a sus hijas a emularlas en esta forma o que las recompensaran en una forma directa por imitar sus comportamientos y manerismos. En resumen, las madres no pretendían enseñar estas respuestas y las niñas no pretendían aprenderlas. Entra en juego un proceso más sutil, la *identificación*.

La identificación puede considerarse como un *impulso aprendido* o como un *motivo por ser similar a otra persona*. Cuando se identifica con alguien, el niño piensa, se comporta y se siente como si las características de la otra persona fueran suyas. Los niños se identifican con los padres cuando intentan duplicar en sus propias vidas los ideales, las actitudes y el comportamiento de estos padres. La persona o el grupo con el cual se identifica el niño es aludido como el *modelo*, o el *identificando*. ¿Cómo parece diferir la identificación del aprendizaje por observación? La identificación indudablemente supone el aprendizaje por observación; de hecho, puede ser razonable considerar a la identificación como un tipo especial de aprendizaje por observación, pero difiere de la imitación simple en varias formas decisivas. En primer lugar, la identificación puede explicar la adopción de *patrones* de comportamiento integrados y complejos del modelo, en lugar de la adopción de respuestas discretas. En segundo lugar, las respuestas de identificación se emiten espontáneamente, sin un adiestramiento específico o sin recompensas directas. Otras dos características diferencian a la identificación del simple aprendizaje por observación o imitación. Las respuestas adquiridas por medio de la identificación por lo general son relativamente estables y duraderas en lugar de transitorias. Finalmente, la identificación descansa en una relación íntima y personal con el modelo, aunque los niños pueden emular las respuestas de modelos con los cuales se encuentran sólo casual o brevemente.

La identificación es un mecanismo fundamental del desarrollo de la personalidad y la socialización. Al identificarse con los padres, un niño adquiere muchas de sus formas de comportarse, de pensar y de sentir. Además, como los padres son representantes de su cultura, la identificación del niño con ellos les proporciona destrezas, cualidades temperamentales, actitudes, motivos, ideales, valores, tabúes y costumbres apropiados para su grupo cultural. Por medio de la identificación, así como del aprendizaje por recompensa, el niño estadounidense de clase media llega a ser competitivo y orientado hacia el logro; el niño hopi se convierte en cooperativo y democrático; los niños mundugamor de Nueva Guinea devienen ásperos y agresivos; los niños japoneses llegan a ser pasivos, complacientes y orientados hacia el grupo.

La identificación con el padre de mismo sexo ayuda al niño a convertirse en apropiadamente tipificado por sexo, esto es, a incorporar características y actitudes al papel masculino o femenino de su cultura. Como hemos visto, las definiciones de comportamiento masculino y femenino varían de una cultura a otra y pueden ser considerablemente modificados con el transcurso del tiempo dentro de una sociedad. Con todo, en la sociedad estadounidense contemporánea, como en la mayoría de las demás, existen presiones fuertes y prevalentes sobre los niños para que manifiesten características definidas como típicamente "masculinas" y para que las niñas lleguen a ser "femeninas". Pero muchas mujeres tienen características que fueron tradicionalmente consideradas como masculinas —independencia, afirmación de sí mismo y orientación hacia el logro, y parece que en el futuro habrá muchas más. Si estas mujeres tienen hijas que se identifiquen con ellas, las niñas también adoptarán estas características.

Además, por medio de la identificación con los padres, el niño incorpora las normas morales, los valores y los criterios de la cultura. Éstos son los componentes de lo que Freud llamó el *superego*, una estructura mental que se forma a través de la identificación y que funciona como una especie de vigilante internalizado, que juzga el comportamiento de la persona como bueno o malo, como correcto o incorrecto. El superego castiga las transgresiones; después de que se desarrolla el superego, los niños se castigan a sí mismos, principalmente por medio de sentimentos de culpa y ansiedad, cada vez que ellos hacen —o solamente intentan hacer— algo que está prohibido o que no lo permite la moral.

La identificación comienza temprano en la vida y es un proceso prolongado —quizá dura toda la vida—. A medida que los niños maduran, continúan identificándose con sus padres, adquieren más características suyas. Sin embargo, cuando sus mundos sociales se amplían, los niños encuentran otros modelos de identificación entre sus compañeros, sus maestros, sus gobernantes y héroes de las obras de ficción, de las películas y de la televisión, y emulan sus comportamientos, sus características e ideales. A fin de cuentas, la personalidad del individuo se basará en una larga serie de identificaciones; algunas de las características de los padres se habrán incorporado, y el comportamiento y las ideas de otras diversas personas también se adoptarán. Como la personalidad del niño en gran parte se deriva de muchas identificaciones diferentes, será algo complejo y singular.

Erikson sugiere que la adolescencia es el periodo crítico para la integración y síntesis de las identificaciones anteriores, para eliminar algunas y fortalecer otras. El adolescente se enfrenta a una *crisis de identidad* que supone "encontrarse uno mismo", y llegar a alguna respuesta satisfactoria a la pregunta: "¿Quién soy?"

La identidad que el adolescente busca aclarar es quién es él, cuál va a ser su papel en la sociedad: ¿Es un niño o un adulto? ¿Tiene en sí lo necesario para ser algún día esposo y padre? ¿Qué va a ser en cuanto trabajador y perceptor de dinero? ¿Puede sentirse confiado en sí mismo no obstante el hecho de que sus antecedentes raciales, religiosos o nacionales hacen que algunas personas lo miren de arriba a abajo? En general, ¿constituirá un éxito o un fracaso? Por razón de estas preguntas los adolescentes en ocasiones llegan a estar mórbidamente preocupados por la forma en que aparecerán ante los ojos de otros en comparación con su propio concepto de sí mismos.*

Las identificaciones previas y la experiencia y el aprendizaje anteriores proporcionan un fundamento para un sentido de *identidad personal* nuevo y único, pero "el todo tiene una calidad diferente a la suma de las partes".† Si los adolescentes alcanzan a formar un sentido sustancial de identidad personal, comienzan a considerarse a sí mismos como individuos, como personas consistentes consigo mismas, integradas y únicas, dignas del reconocimiento de los demás. Se sienten cómodos consigo mismos, saben adónde van y no son abiertamente conscientes o dubitativos de sí mismos. Cuando no se logra adquirir un sentido coherente de identidad personal, la situación se conoce como *difusión del ego*, los individuos no se han "encontrado a sí mismos", están inciertos de su valor en cuanto personas, y les falta un sentido del propósito de la vida.

Investigaciones sobre la identificación. ¿Cómo se forma una identificación con un modelo, y cuáles son las motivaciones subyacentes? Una hipótesis basada en la teoría del aprendizaje social afirma que la motivación para identificarse con un modelo está arraigada a las satisfacciones derivadas de las interacciones con ese modelo. Los modelos atractivos, recompensantes, fuertes, poderosos y cariñosos evocan una identificación mayor que los modelos que carecen de estas características; el niño puede identificarse mejor con un padre cariñoso que con otro que lo rechaza. Un modelo que satisface las necesidades del niño llega a estar asociado con sentimientos de satisfacción, placer y comodidad. El modelo en cuanto persona y su comportamiento y características adquieren un valor de recompensa para el niño. Al identificarse con este modelo, y así incorporar las características y el comportamiento este, el niño se convierte en la fuente de sus propias recompensas; los niños

---

* Erikson, "Healthy Personality Development", pág. 215.
† E. Erikson, "Identity and the Life Cycle", *Psychological Issues,* 1 (1959), 90.

ahora reaccionan ante sí mismos con los sentimientos de satisfacción que originalmente estuvieron asociados con el modelo.

Se ha encontrado apoyo para esta hipótesis general en diversas investigaciones. En un estudio, los sujetos fueron dos grupos de parejas madre-hija. Se consideró que un grupo de madres eran cariñosas (cordiales, generosas, atentas, satisfactorias para el niño), en tanto que el otro grupo de madres se consideró que no era así. Fue observada cada una de las madres cuando enseñaba a su hija, alumna de jardín de niños, a resolver algunos problemas de laberinto. Durante la sesión de enseñanza, cada una de las madres —en esta situación, el modelo— actuando por instrucciones del experimentador, realizó diversas acciones extrañas que no tenían que ver nada con la resolución del problema. Por ejemplo, trazaba sus líneas muy lentamente, se mostraba dubitativa en cada uno de los puntos donde debía hacer su elección, hacía algunas marcas innecesarias tales como círculos u ondas en su trazo, y comentaba algunas cosas sin sentido antes de cada ensayo. Las hijas de las madres cariñosas imitaron muchos de estos comportamientos que no guardaban relación y eran incidentales, pero las hijas de las madres que no eran cariñosas imitaron muy pocos de ellos. Así, como lo predecía la hipótesis, las madres que eran cordiales y satisfactorias provocaban una identificación mayor de sus hijas —y mayor emulación de su comportamiento— que las madres carentes de estas cualidades.

En otro estudio pertinente, a 40 niños de 5 años de edad se les aplicó una prueba de preferencias por los propios papeles sexuales (escoger entre los juguetes y las actividades de niños y niñas), y los 10 muchachos más masculinos y los 10 menos masculinos fueron seleccionados para un estudio posterior. Se supuso que los niveles altos de tipificación sexual masculina se basaban en la identificación con sus padres, y que los que mostraban una puntuación baja en tal tipificación estaban sólo débilmente identificados con ese progenitor. Se observó a estos 20 niños en una sesión de juego con muñecos en la cual utilizaban muñecos que representaban a una madre, a un padre y a un hijo, para representar los finales de algunas historias incompletas. Se supuso que al describir los personajes de la historia, los hijos revelan sus propias percepciones y sus sentimientos acerca de los padres. Como se había predicho, las respuestas de los niños que exhibieron un comportamiento masculino muy acusado mostraron que consideraban a sus padres como cariñosos, cordiales y recompensantes, pero los que tenían una calificación baja en cuanto a masculinidad no percibieron a sus padres en estas formas.

Desarrollo de la conciencia

Dado que el desarrollo del superego, o de la conciencia, es uno de los principales productos de la identificación, podríamos esperar que la moralidad de los niños guardara relación con ésta y, en consecuencia, relaciones positivas con los padres. Y, ciertamente, existen pruebas de que éste es el caso, aunque resulta extremadamente difícil evaluar el desarrollo de la conciencia. Una técnica supone determinar las reacciones de los niños ante sus propias transgresiones o actos prohibidos. ¿Qué hace el niño si quiebra algo, si golpea a alguien o si toma algo sin permiso? ¿El niño se siente culpable, confiesa, pide perdón o trata de restituir lo que tomó? ¿O bien miente, se oculta y niega haber cometido el acto reprobable?

Los datos básicos de un estudio fueron los informes de la madre tanto de las relaciones entre padre e hijo como las reacciones de sus hijos ante sus propias transgresiones. El análisis de los datos demostró que las madres cordiales tendieron a producir hijos que confesaban sus desviaciones, lo cual indicaba sentimientos de culpa y un fuerte desarrollo de la conciencia. Los niños que tenían padres tolerantes también mostraron mayor sentimiento de culpa después de realizar los actos indebidos y niveles más altos de desarrollo de la conciencia que los niños con padres inclinados a rechazar.

Se promueve un alto grado de conciencia mediante el uso de técnicas disciplinarias orientadas hacia el amor, esto es, técnicas en las cuales el amor se muestra o se retira con el fin de recompensar o castigar al niño. El elogio y el razonamiento en cuanto técnicas disciplinarias están asociados con un alto nivel de conciencia en los niños, en tanto que el castigo físico se relaciona con un deficiente desarrollo de la conciencia. El uso de técnicas disciplinarias orientadas hacia el amor sólo es efectivo en el caso de las madres cordiales y afectuosas que mantienen relaciones fuertes y de cariño con sus hijos. Los niños, de hecho, tienen más probabilidades de desarrollar un alto nivel de conciencia si tienen madres cariñosas y afectuosas que los amenazan con retirarles su amor como castigo por desobedecer. La conciencia parece ser una consecuencia de una identificación basada en el temor del niño de perder el amor de un padre que en otras condiciones es cordial y cariñoso.

El modelamiento y la identificación tienen efectos importantes en el desarrollo de diversas facetas del comportamiento moral —como son la generosidad, el altruismo y la consideración— que guardan relación con el superego o conciencia. Por ejemplo, en un estudio para determinar el grado de generosidad, los niños de escuela de párvulos que participaron en un experimento simple fueron recompensados con diversas chucherías por haber participado, y se les dio la oportunidad de compartir sus ganancias con otros niños. Los que compartieron generosamente y los que compartieron muy poco o nada fueron observados en una situación de juego con muñecas. Los niños generosos representaron a sus padres en el juego con muñecos como cordiales, generosos, cariñosos y afectuosos; estas clases de percepciones del padre fueron significativamente menos frecuentes entre los niños que no eran generosos.

Entrevistas íntimas con adultos que son sumamente altruistas y dados a sacrificarse por los demás proporcionan una prueba adicional de que la identificación es un factor importante que sustenta este comportamiento. Fueron entrevistados dos tipos de trabajadores voluntarios durante el movimiento en favor de los derechos civiles de la década de 1960. Los trabajadores *sumamente comprometidos* con el movimiento hacían muchos sacrificios personales para participar en él, en ocasiones tuvieron que renunciar a sus empleos o a sus hogares o aplazaron su educación; los *parcialmente comprometidos* también trabajaron en el movimiento pero no hicieron tan grandes sacrificios personales. Cuando jóvenes y en la edad adulta, los *sumamente comprometidos* se identificaron fuertemente con los padres que eran cordiales, cariñosos y luchadores por la causa de la justicia, el bienestar y los derechos humanos durante sus años anteriores. Cuando niños, los sumamente comprometidos participaron emocionalmente en las actividades socialmente orientadas de sus padres. Esta clase de identificación no era evidente entre los parcialmente comprometidos.

Otras investigaciones muestran que las prácticas disciplinarias de los padres afectan a los valores de los hijos y a su consideración de los demás. Un grupo de padres fue entrevistado o contestó cuestionarios acerca de sus reacciones ante los malos comportamientos de sus hijos preadolescentes. Sus respuestas sirvieron como base para clasificar sus técnicas disciplinarias ya sea como *afirmación del poder* (controlar mediante el poder físico o recursos materiales, incluyendo el castigo directo, la privación de privilegios, amenazas) o como *inducción* (que comprende el razonamiento con el niño, señalando las consecuencias dolorosas de su comportamiento para otras personas). Los que emplean predominantemente la inducción como técnica disciplinaria sirven de modelos de consideración y la demuestran con respecto a los demás (incluyendo a sus hijos), con lo cual enseñan a éstos a ser considerados de las necesidades y de los sentimientos de los demás. Se encontró que el uso frecuente de la inducción por parte de las madres guardaba relación con niveles elevados de consideración de otros, tal como lo evaluaron los compañeros de los niños (condiscípulos a los que se les pidió que designaran cuáles niños de la clase eran más considerados de los demás). Por otra parte, el uso frecuente de la afirmación del poder estuvo asociado con niveles bajos de consideración de los niños hacia los demás.

Estos hallazgos fueron confirmados en otros estudios de preadolescentes y sus padres. Asimismo, los hijos de las madres que utilizaban la inducción tenían en alta estima al altruismo entre sus valores personales, en tanto que los hijos de las madres que afirmaban el poder asignaron altas puntuaciones a los valores centrados en la misma persona, como ganar mucho dinero o tener una casa y un automóvil ostentosos.

La *delincuencia juvenil* puede considerarse como una manifestación de un desarrollo deficiente de la conciencia, como un intento fallido por incorporar o aceptar algunas de las normas y prohibiciones morales de la cultura. Éste es un problema sumamente complejo; muchos factores son antecedentes destacados de comportamiento delictivo. Los factores sociales y económicos obviamente desempeñan una parte principal, porque las tasas de delincuencia son más altas entre los muy pobres o entre la minoría marginada y los grupos de inmigrantes. Estos factores, sin embargo, no son suficientes para producir la delincuencia; muchos niños que crecen en la pobreza o que tienen padres inmigrantes o forman parte de minorías no se convierten en delincuentes.

Estudios realizados en diferentes zonas geográficas y con diferentes grupos socioeconómicos en forma consistente muestran que el comportamiento delictivo se relaciona con el hecho de no identificarse con los padres y, en consecuencia, de no incorporar las normas morales y éticas de la cultura. Los padres de delincuentes, comparados con los de no delincuentes de inteligencia y posición social similares, son generalmente menos afectuosos, más indiferentes y más hostiles hacia ellos, y muestran menos cordialidad y simpatía. Son relativamente pocos los delincuentes que tienen vínculos estrechos con sus padres, y muchos de ellos expresan una hostilidad abierta hacia ambos progenitores.

LOS COMPAÑEROS COMO AGENTES DE SOCIALIZACIÓN

Durante los primeros años, las interacciones sociales de los niños están restringidas principalmente a sus propios círculos familiares, y sus modelos de identificación son los padres y los hermanos. Cuando ingresan en la escuela de párvulos, su mundo social se expande y aumenta en complejidad e intensidad. Los compañeros se convierten en agentes de socialización influyentes, y "adiestran" al reforzar determinadas respuestas y al servir de modelos para la imitación y la identificación. Como resultado, el comportamiento, las actitudes y las motivaciones del niño pueden sufrir cambios importantes, aunque no todos los niños resultan afectados igualmente por los contactos con los compañeros. Los tímidos y apartados tienen menos probabilidades de mantener interacciones intensas con otros niños y, por lo tano, son menores las probabilidadades de que sean influidos por ellos. Los niños sociables, exploradores y relativamente independientes probablemente participarán en actividades sociales y, consecuentemente, son más susceptibles a la influencia. Los niños de las escuelas de párvulos públicas tienen un rango más amplio de contactos sociales, dan más recompensas a los demás y a menudo son los objetivos de las recompensas; es mayor la probabilidad de que influirán en sus compañeros y de que, a su vez, sean influidos por ellos.

Desde el punto de vista de un adulto, algunos de los cambios resultantes de las interacciones con los compañeros son deseables, en tanto que otros son indeseables. Las respuestas y las características tipificadas por sexo de los niños del parvulario probablemente serán fortalecidas y se arraigarán con mayor firmeza como resultado del reforzamiento de sus compañeros los patrones de comportamiento sexual estereotipados y por su castigo de los patrones de respuesta inadecuados. Los niños de la escuela de párvulos recompensan a otros niños por un comportamiento tradicionalmente masculino tal como jugar con camioncitos y pistolas de juguete; las niñas se refuerzan mutuamente por actividades tradicionalmente femeninas como jugar con muñecas. En algunos casos, las influencias de los compañeros pueden contrarrestar los efectos del adiestramiento y de la identificación del hogar. Por ejemplo, un niño muy pequeño que está sumamente identificado con su madre puede haber adquirido muchas características que sus compañeros consideran "femeninas". Después de asociarse con otros niños de la escuela de párvulos, sin embargo, su comportamiento puede cambiar en forma sustancial en una dirección más "masculina". La bondad, la cooperación y la amistad probablemente producirían recompensas de los compañeros y, por ello, quizá sean repetidas y fortalecidas. Algunos comportamientos producen la desaprobación de los compañeros así como su castigo —egoísmo, dependencia e infantilismo, por ejemplo—, y estas respuestas probablemente serán debilitadas o eliminadas (extinguidas).

Las respuestas agresivas, como el atacar a otros y el intentar apoderarse de los juguetes de otro o invadir el "territorio" de otro niño a menudo son recompensados en la escuela de párvulos y, por ello, fortalecidas. Los niños que ya han establecido patrones de gran agresividad en su comportamiento probablemente se harán más agresivos cuando asistan a la escuela de párvulos porque otros niños pueden recompensar su agresividad al acceder a los deseos de los agresores o al retirarse del conflicto. Además, los niños que son relativamente no agresivos inicialmente también es probable que se vuelvan más agresivos. Si bien pueden ser blanco frecuente de agresión al principio, muchos de esos niños a la larga contraatacarán y se negarán a renunciar a las cosas que quieren conservar. Sus nuevas reacciones asertivas y agresivas probablemente obtendrán éxito en ocasiones y con ello se volverán más fuertes y más frecuentes. Algunos niños son inicialmente inofensivos y al mismo tiempo muy pasivos y socialmente apartados; estos niños no contraatacarán probablemente cuando sean los blancos de la agresión y, por ello, no serán recompensados por su comportamiento agresivo. Estos niños quizá no sean más agresivos en la escuela de párvulos.

Los compañeros como modelos

Los niños de la escuela de párvulos pronto se identifican con otros niños y espontáneamente imitan las acciones de sus compañeros, tanto las deseables como las indeseables. Los que al principio tienen maneras suaves probablemente se volverán más asertivos si observan que sus compañeros utilizan la fuerza y las amenazas con el fin de alcanzar sus metas. Los niños imitarán con facilidad los patrones agresivos de otros niños: golpear a otros, gritar, patear, destruir cosas. Si observan estos comportamientos repetidas veces, pueden llegar a adoptarlos como sus propias respuestas habituales, especialmente si logran alcanzar sus metas.

En forma análoga, los niños probablemente imitarán las reacciones prosociales de sus compañeros, incluyendo actos de caridad, expresiones de simpatía o ayuda a alguien que está necesitado de ella. La exposición repetida a modelos prosociales por parte de los compañeros puede producir disposiciones altruistas fuertes, duraderas y generalizadas, en la misma forma en que lo hace la exposición repetida a los modelos adultos. Si los niños de *kinder* juegan con otros socialmente más maduros, ellos mismos devienen más cooperadores, participan en más actividades de grupo y con mayor frecuencia utilizan peticiones y sugerencias en lugar de la fuerza al tratar con otros niños. Y, como lo puso en evidencia un experimento, la generosidad de los niños (el compartir premios ganados) aumentó después de que observaron que los compañeros que les servían como modelo se comportaban en una forma altruista; los sujetos control, que no observaron modelos generosos, no fueron igualmente espléndidos al compartir.

A medida que el niño crece y pasa tiempo fuera del hogar, los compañeros devienen más influyentes como maestros y como modelos. Los niños de escuela se conforman más a las normas y reglas del grupo de compañeros que los niños más pequeños. A mediados de la niñez, el grupo de compañeros puede ser muy útil en el adiestramiento del niño para adaptarse al mundo social más amplio, para interactuar con los grupos más grandes y para relacionarse con los dirigentes. Los compañeros también pueden proporcionar guía y asistencia para alcanzar un mejor ajuste personal, al enseñar al niño formas nuevas y efectivas de tratar con sentimientos complejos: hostilidad, dominio, dependencia e independencia. La discusión con los compañeros, así como el hecho de compartir problemas, conflictos y sentimientos complejos, puede ser tranquilizadora; el descubrimiento de que otros niños también se enojan con sus padres o se preocupan por la masturbación puede ayudar a aliviar la tensión y el sentimiento de culpa. Los sentimientos de los niños acerca de la escuela, así como sus intereses académicos, sus anhelos y aspiraciones, pueden ser fuertemente influidos por las actitudes de sus compañeros respecto de la educación. El desarrollo del concepto que de su propio yo tiene el niño también resulta afectado directa e indirectamente por las interacciones con sus compañeros. La aceptación de éstos probablemente aumente la confianza en sí mismo, en tanto que el rechazo general puede reducir la autoestimación.

En la cultura estadounidense contemporánea, el grupo de compañeros es más influyente que en la mayoría de las demás sociedades. Los niños que han crecido en la China tradicional o en los pueblos mexicanos (así como en las poblaciones rurales pequeñas de los Estados Unidos en tiempos anteriores), están mucho más orientados hacia sus familias y mucho menos preocupados por las actitudes, las normas y los comportamientos del grupo de compañeros. En algunas otras sociedades, como en los kibbutz de Israel y en la Unión Soviética, los niños se preocupan mucho más por la aprobación de sus compañeros que por las reacciones de sus familias. Urie Bronfenbrenner, autoridad en lo que se refiere a crianza infantil en la Unión Soviética, afirma que en ese país los compañeros son socializadores más poderosos que los padres. Sin embargo, los valores de los sistemas sociales y políticos de los adultos han sido muy bien inculcados en los niños soviéticos; por lo tanto, el conformarse a la presión de los compañeros sirve para mantener estos sistemas.

Influencias del grupo de compañeros
durante la adolescencia

Por muchas razones, las influencias de los compañeros parecen ser máximas durante la adolescencia. Los adolescentes son personas marginales —ya no son niños; tampoco son adultos— y existen muchas presiones sobre ellos. Dentro de un periodo de tiempo relativamente breve deben realizar numerosos ajustes; deben independizarse gradualmente de sus familias; ajustarse a la madurez sexual; establecer relaciones funcionales y de cooperación con sus compañeros; elegir una vocación y prepararse para ella; desarrollar alguna clase de filosofía de la vida o una serie de creencias y normas morales que sirvan como guías; y desarrollar un sentido de identidad. Al mismo tiempo, los vínculos con los padres se debilitan progresivamente a medida que se alcanza la independencia.

Dentro de las circunstancias, no resulta difícil comprender por qué los adolescentes probablemente se sientan cerca de otras personas que tienen los mismos problemas, que pueden ayudarlos a obtener conceptos más claros de sí mismos, de sus problemas y de sus metas. Los compañeros pueden alcanzar más éxito que los padres al proporcionar al adolescente un sentimiento de valor personal y perspectivas y esperanzas realistas para el futuro. La cultura ha cambiado en forma extremadamente rápida y en muchos sentidos, pues los padres de los adolescentes de hoy eran adolescentes ayer. Existen presiones nuevas y diferentes a las cuales hay que ajustarse. Además, al observar cómo sus hijos adolescentes tratan de hacer frente a los problemas, los padres pueden encontrar que sus propios sentimientos y conflictos de adolescentes se despiertan de nuevo, y esto puede resultar sumamente incómodo. Por estas razones, los padres a menudo experimentan grandes dificultades para comunicarse con sus hijos adolescentes y para compartir y comprender sus problemas, aun cuando hagan esfuerzos sinceros por lograrlo. Es comprensible que se preocupen por la "brecha entre generaciones".

Todos estos factores aumentan la importancia de los grupos de compañeros durante la adolescencia y, por lo tanto, existe una fuerte motivación para conformarse a los valores, las costumbres y los caprichos de la cultura de los compañeros durante este periodo. Sin embargo, sería un error inferir que la conformidad a las normas del grupo de compañeros inevitablemente implica una menor influencia de los padres hacia la mayor parte de los adolescentes. Para comenzar, existe una sobreposición considerable entre los valores de los padres y los de los compañeros debido a que los amigos del niño probablemente provengan del mismo marco cultural. Los amigos de un adolescente blanco protestante de la clase media probablemente provendrán del mismo grupo. Además:

> ...ni la influencia paterna ni la de los compañeros es monolítica. La importancia prestada [a la opinión de los padres o de los compañeros] dependerá en grado importante de la estimación que el adolescente haga de su valor relativo en una situación específica. Por ejemplo, la influencia de los compañeros es más probable que predomine en cuestiones tales como gustos en música y diversiones, modas en el vestir y en el lenguaje, patrones de interacción de los compañeros del mismo sexo y del opuesto y otras cosas parecidas; pero es más probable que la influencia de los padres predomine en áreas tales como los valores morales y sociales subyacentes y la comprensión del mundo de los adultos.*

Es muy probable que los adolescentes lleguen a identificarse profundamente con su grupo de compañeros si sus padres no logran proporcionar cariño y apoyo adecuado, esto es, si no fomentan una fuerte identificación con los padres. La influencia de los padres es más poderosa que la influencia de los compañeros entre los adolescentes cuyos padres expresan afecto, interés, comprensión y voluntad de ayudar. Por el contrario, de acuerdo con los datos de un estudio, los adolescentes fuertemente orientados hacia sus compañeros obtenían una puntuación baja en lo referente a afecto, apoyo y control de los padres. En resumen:

> ...el niño orientado hacia sus compañeros es más producto de la falta de atención de los padres que del atractivo del grupo de compañeros... se vuelve menos hacia sus compañeros de la misma edad por elección que por defecto. El vacío dejado por el alejamiento de los padres y los adultos de las vidas de los niños se llena con... el sustituto de un grupo de compañeros separados por la edad.†

Después de realizar una revisión completa de la literatura pertinente, una autoridad en el área del ajuste de los adolescentes concluyó que lo más probable es que ocurra una marcada declinación en la influencia de los padres, acompañada por un incremento en la influencia de los compañeros, en donde:

> ...1) existe un grupo de compañeros muy fuerte, homogéneo, con patrones de comportamiento y actitudes que difieren marcadamente

---

* J. J. Conger, "A World They Never Knew: The Family and Social Change". *Daedalus*, 100, núm. 4 (1971), págs. 1128-1129.

† *Ibid.*, pág. 1129.

de las de los padres; 2) donde falta una relación recompensante entre padre e hijo desde el principio, debido a la falta de interés y comprensión de los padres, a la manifiesta disposición de ser útil, y a las actividades compartidas de la familia; 3) donde los propios valores y comportamientos de los padres son inconsistentes, no informados, irreales, mal adaptados u obviamente hipócritas; 4) donde al adolescente le falta confianza en sí mismo (basada en una imagen positiva de sí mismo) o adiestramiento para lograr la independenca de actuar en forma autónoma, sin una preocupación indebida, o 5) donde, como se señala en los exámenes de elección múltiple, "todo lo anterior". En la mayor parte de los casos en que los jóvenes han rechazado los valores familiares o renunciado a ellos para adoptar los de grupos, desviados de compañeros, probablemente se obtenga una o más de estas condiciones.*

ESTABILIDAD DE LAS CARACTERÍSTICAS DE LA PERSONALIDAD

Tendría poco interés investigar los antecedentes de las características de personalidad de los niños si éstas fuesen efímeras, transitorias o sumamente expuestas a cambiar. La cuestión de la estabilidad o continuidad de las características de la personalidad establecidas inicialmente reviste importancia decisiva. Si sabemos cómo es el niño a los 4 años de edad, por ejemplo, ¿podemos predecir lo que será en el futuro, a la edad de 5 u 8 años, en la adolescencia o en la edad adulta?

La respuesta es una afirmación calificada. Muchas características de la personalidad establecidas desde temprano parecen ser estables y duraderas; si conocemos la situación del niño con respecto a determinadas dimensiones de la personalidad —tales como introversión, agresión, dependencia, ajuste general— podemos predecir cuál será su posición posterior en estas dimensiones en forma razonablemente adecuada. El desajuste de los adultos, por ejemplo, a menudo es una extensión de los desajustes establecidos tempranamente; la mayoría de los adultos que padecen perturbaciones emocionales sufrieron intensos conflictos, sentimientos de rechazo e inadecuación durante la infancia.

Los estudios longitudinales ofrecen oportunidades únicas para investigar la persistencia de las características de la personalidad de la niñez a la edad adulta en poblaciones normales (no clínicas). Varios de estos estudios muestran que la dimensión de extraversión —o de su contraria, la introversión— se establece desde muy temprano y tiende a permanecer sumamente estable. En un estudio, los niños de 5 años de

* *Ibid.*, pág. 1130.

edad que mostraban ansiedad en situaciones sociales era probable que también fueran tímidos al llegar a la adolescencia, y los niños inhibidos y aprensivos en sus relaciones con otras personas en la primera infancia (edades de 6 a 10 años) se convirtiesen en adultos tensos que sintieran incomodidad en las situaciones sociales.

Otro estudio longitudinal mostró que los niños de 4 años de edad que recibieron calificaciones altas de sus maestros de la escuela de párvulos en lo que toca a generosidad, utilidad, cooperación y consideración también respondieron generosamente ante una oportunidad de ayudar a otro niño un año después. La responsabilidad social y el altruismo también son características relativamente estables durante la niñez. En un estudio, se observó a los niños de una escuela de párvulos y se repitió la observación cinco años después, cuando estaban en la escuela primaria. Los que eran socialmente responsables y altruistas en el periodo inicial también se comportaron en la misma forma en el periodo posterior.

Los participantes en el estudio longitudinal de Fels, 71 personas de clase media predominantemente, fueron estudiadas desde el nacimiento hasta el inicio de la edad adulta.* Sus padres fueron entrevistados y los sujetos mismos sometidos frecuentemente a prueba y observados en sus hogares, en las escuelas de párvulos, en campamentos y escuelas. Las características de la personalidad tales como dependencia, pasividad, agresión y motivación de logro fueron calificadas en cinco periodos de edad: de 0 a 3 años, de 3 a 6, de 6 a 10, de 10 a 14 y en los comienzos de la edad adulta (20 a 29). Las puntuaciones correspondientes a los cuatro periodos de la niñez fueron tomadas por un psicólogo que no tenía conocimiento de las personalidades de los sujetos adultos; otro psicólogo, que trabajaba independientemnte y que no sabía nada acerca del desarrollo inicial de los sujetos, los entrevistó cuidadosamente cuando adultos y después los calificó de acuerdo con las mismas variables.

Un número importante de características de la personalidad permanecieron estables desde la niñez hasta la adolescencia y la edad adulta. La motivación de logro, especialmente en lo que se refiere a tareas intelectuales, comienza a estabilizarse en el periodo de los 3 a los 6 años, y entre los 6 y los 10 años deviene cada vez más estable. Los niños que mostraron interés por dominar las destrezas intelectuales durante el periodo preescolar probablemente tendrían una alta motivación para la realización intelectual durante la escuela primaria y durante la adolescencia y la edad adulta. Los niños que eran inhibidos y aprensivos en sus relaciones con otras personas en los años iniciales de la niñez (en

---

* J. Kagan y E. Moss, *Birth to Maturity* (Nueva York: John Wiley & Sons, 1969).

la edad de 6 a 10 años) se convirtieron en adultos tensos que se sentían incómodos en situaciones sociales.

Las características que tradicionalmente han sido tipificadas por sexo también mostraron estabilidad. Por ejemplo, los niños de nuestra cultura por lo general son más agresivos que las niñas, en tanto que las niñas son más dependientes. Las medidas de agresión fueron consistentemente más estables en el caso de los niños que en el de las niñas. Los niños que tenían accesos de mal humor y mostraban ira en los primeros años de la escuela primaria se convirtieron en adolescentes que se irritaban con facilidad y, posteriormente, cuando adultos, se inclinaban mucho a ser verbalmente agresivos al verse frustrados. Por el contrario, la dependencia y la pasividad fueron más estables en el caso de las niñas que en el de los niños. Las niñas que eran muy dependientes de otras personas y que reaccionaban en forma pasiva ante la frustración durante los primeros años de la niñez devinieron adolescentes pasivas, estrechamente vinculadas a sus familias y, cuando jóvenes, confiaban en que otras personas las ayudarían a resolver sus problemas. Las adolescentes relativamente independientes tenían probabilidades de crecer hasta convertirse en adultos independientes y autosuficientes.

Si bien una parte de estas pruebas es impresionante, debemos ser cautelosos y no generalizar en exceso los resultados. Para comenzar, existen pocas pruebas de estabilidad de muchas características observadas en los periodos muy tempranos de la vida. Los resultados de un estudio longitudinal sugieren que "el ajuste emocional tal como se refleja por un comportamiento feliz, tranquilo y positivo durante los primeros dos años de vida del niño pueden no ser predictivos del comportamiento manifiesto posterior".[*] La mayor parte de los rasgos estables analizados anteriormente comenzó a estabilizarse durante el periodo de los 6 a los 10 años; muy pocos se estabilizaron durante el periodo preescolar.

Además, las correlaciones entre el comportamiento inicial y el posterior, aunque positivas y significativas, están lejos de ser perfectas. Esto significa que mucha gente cambia *realmente* en características tales como la motivación de logro, la agresión y la dependencia, aunque para la población en general estas características están bien formadas ya en los inicios de la niñez y persisten durante periodos posteriores. Pero hay pocas razones para creer que el desarrollo de la personalidad termina en los inicios de la niñez; más bien parece que muchos aspectos importantes de la personalidad permanecen abiertos al cambio en

---

* E. S. Schaefer y N. Bayley, Maternal Behavior, *Child Behavior, and Their Intercorrelations from Infancy Through Adolescence*, Monographs of the Society for Research in Child Development, 28, núm. 3 (todo el número 87) (1963), 48.

el transcurso de largos periodos. Los psicólogos clínicos que han estudiado longitudinalmente a la gente durante periodos prolongados han encontrado que los niños neuróticos o mal ajustados —presumiblemente en "alto riesgo" de desajuste subsecuente— en alguna forma superan sus dificultades y se convierten en adultos bien ajustados que funcionan adecuadamente. Otros que son relativamente bien ajustados cuando jóvenes en alguna forma devienen adultos ansiosos o neuróticos.

DETERMINANTES SITUACIONALES DEL COMPORTAMIENTO

Los factores de situación —los estímulos del ambiente inmediato, especialmente los estímulos sociales— también ejercen influencias poderosas sobre el comportamiento y, en ocasiones, son las determinantes prepotentes de las acciones. Sea cual fuere la estructura de su personalidad, los estadounidenses conducen sus automóviles por el lado derecho de la carretera, salvo en condiciones muy inusitadas. Ya sean dependientes o independientes, asertivos o no asertivos, introvertidos o extravertidos, los estadounidenses no se ríen durante los servicios religiosos, las oraciones fúnebres o al expresar los votos matrimoniales. Las reglas culturales para comportarse en esos escenarios son rígidas e inflexibles; difícilmente se desvía alguien del comportamiento normal, culturalmente prescrito.

Para la gran mayoría de situaciones que encuentra la persona, las reglas de comportamiento, sin embargo, no son tan rígidas. En la mayor parte de las situaciones, el comportamiento del niño es una función *tanto* de características de la personalidad *como* de las condiciones ambientales inmediatas. Por ejemplo, consideremos el comportamiento durante una crisis. Si un niño básicamente es seguro y calmado, su comportamiento ordinariamente refleja estas características. Pero enfrentado a un acontecimiento tal como un incendio, una tormenta o una herida, el niño puede mostrar temor o pánico. Los niños que por lo general son ansiosos, temerosos y excitables pueden reaccionar con mayor fuerza todavía. Para citar un ejemplo menos extremo, un joven puede ser ansioso, dependiente y agresivo cuando sus padres son tensos y punitivos, pero puede ser tranquilo e independiente en una atmósfera amistosa y relajada de escuela de párvulos.

Frustración y agresión

Todo mundo ocasionalmente sufre una frustración, un obstáculo que interfiere con alcanzar una meta deseada. La frustración puede considerarse como una variable *situacional,* y las reacciones a ella han sido estudiadas extensamente, así en escenarios naturales como experimentales. Una de las reacciones más comunes es la agresión. En la escuela de párvulos, los conflictos agresivos entre niños probablemente aumenten cuando la cantidad del espacio de juego es limitada y cuando, en consecuencia, existen más frustraciones e interferencias.

Los niños sometidos a frustraciones producidas experimentalmente quizá reaccionarán con respuestas agresivas, en especial si están en una situación tolerante en donde la agresión no conduce al castigo. En un estudio, se observó el juego con muñecas de niños y niñas en edad preescolar, durante dos sesiones de 30 minutos. En el transcurso de la primera, se les permitió jugar libremente. Pero antes de la segunda sesión, un grupo de sujetos, el *grupo de fracaso* o *frustración,* trabajó en tareas extremadamente difíciles que los hicieron sentirse infructuosos y frustrados. El *grupo control* no fue frustrado experimentalmente antes de la segunda sesión de juego con muñecas.

En la segunda sesión, ambos grupos mostraron mayor agresión de la que habían exhibido durante el primer periodo de juego, probablemente a causa de que la atmósfera tolerante permitía tal expresión. Sin embargo, el grupo de frustración mostró *aumentos significativamente mayores de agresión* que el grupo control. Aparentemente, la experiencia de frustración provocó la subsecuente agresividad incrementada.

En cierto sentido la frustración, como la belleza, está en el ojo del observador. La *interpretación* que hace el niño de una situación frustrante, más que cualquier grado absoluto de frustración, constituye lo más pertinente en la determinación de sus reacciones, y esta interpretación puede verse afectada por factores de situación. Si un niño rompe el juguete de otro niño, la víctima reaccionará con mayor hostilidad si interpreta la acción del otro niño como intencional y no accidental. En un experimento, se frustró a niños de tercer grado de primaria por obra de un niño un poco mayor que era cómplice (aliado) del experimentador. El frustrador evitó que los sujetos completaran algunas tareas sencillas de construcción de bloques y con ello evitó que se ganaran algún dinero. Después de ocurrida la frustración, se dijo a algunos de los niños que el frustrador estaba cansado y trastornado, que en otras condiciones se habría mostrado más cooperador. Al resto de los niños frustrados de los grupos control, no se les dio esta explicación de las circunstancias atenuantes. Poco después, cada uno de los sujetos se encontró con el frustrador en otro escenario y tuvo oportunidad de interferir con él o de ayudarlo. El grupo al que se le había hablado acerca de los problemas del frustrador mostró significatvamente menos agresión en contra de él que los niños control. En efecto, la frustración en el grupo de "interpretación" se había reducido y, en consecuencia, la expresión agresiva también se redujo.

El grado de frustración y la percepción o interpretación de ésta no son los únicos determinantes de la intensidad de las reacciones agresivas. Algunos niños devienen violentamente agresivos en respuesta a una frustración relativamente menor, en tanto que otros difícilmente devienen agresivos bajo las mismas circunstancias frustrantes. ¿Por qué? Porque por la experiencia anterior, algunos niños adquieren mayores grados de "tolerancia", una capacidad marcada para soportar la frustración sin llegar a trastornarse. Los niños en edad preescolar, que de acuerdo con pruebas han desarrollado tal tolerancia, muestran significativamente menos agresión que los niños de la misma escuela de párvulos que experimentan las mismas frustraciones pero que tienen menores tolerancias.

Además, los niños difieren en la intensidad de sus temores adquiridos del castigo por la agresividad. Entre los niños estudiados en una institución de corrección juvenil, los que tenían fuertes temores de ser castigados era menos agresivos que sus compañeros que carecían relativamente de temor, aun cuando los dos grupos estaban en la misma situación (la institución) y experimentaron las mismas frustraciones. Aparentemente, pues, la intensidad de la agresión de un niño es función no sólo de la situación —aunque eso es importante— sino también de la estructura de la personalidad que haya desarrollado.

Efectos de ver televisión. La violencia se ha convertido en un tema cada vez más prominente de los medios de comunicación masiva en años recientes. La cuestión de si la exposición a la violencia tiende a producir una mayor agresión en los niños surge de manera inevitable. Específicamente, ¿la violencia que se observa en las películas y en la televisión aumentarán probablemente las tendencias agresivas de los niños? La preocupación general del público y del gobierno por los posibles efectos perjudiciales de la televisión sobre los niños parece justificada, dado que la televisión comercial exhibe una cantidad enorme de asesinatos, peleas y brutalidades. Se calcula que aproximadamente el 70% de los programas de televisión contienen por lo menos un incidente de violencia.

El problema ha sido investigado repetidas veces en estudios experimentales, en los cuales se muestra a los sujetos películas que representan interacciones agresivas; los grupos control son expuestos a películas de la misma longitud que no exhiben un contenido violento. Después de esto, se da oportunidad a los niños de que se comporten en forma agresiva, y aquellos que fueron expuestos a las películas agresivas casi invariablemente mostraron mayor agresión que los grupos control. Este hallazgo experimental ha sido replicado en muchos estudios. Incluso después de una sola exposición a caricaturas con contenido violento los niños manifiestan niveles más elevados de comportamiento agresivo hacia sus compañeros que los del grupo control, aunque los efectos generalmente son de corto plazo. La exposición repetida tiene efectos más significativos y duraderos, sin embargo, y éstos son particularmente marcados en el caso de los niños con fuertes tendencias agresivas, esto es, aquellos que por lo regular son sumamente agresivos. Los que observan muchos actos de violencia no sólo se comportan en una forma más agresiva, sino que también abrigan actitudes positivas hacia la agresión, al considerarla como una forma efectiva de manejar los conflictos.

El observar frecuentemente programas violentos en la televisión también puede producir efectos acumulativos de largo plazo sobre la expresión agresiva. Éste fue el hallazgo de un estudio longitudinal en el cual se determinaron las preferencias de los niños en cuanto a programas de televisión cuando eran alumnos del tercer grado; su agresión también fue evaluada diez años después, cuando recién habían ingresado a la escuela superior. En comparación con sus compañeros, los niños que tenían una decidida preferencia por los programas violentos cuando eran más pequeños fueron más agresivos cuando adultos jóvenes.

No obstante el hecho de que los hallazgos son consistentes al demostrar que la exposición a la violencia en la televisión probablemente conduzca a una mayor agresión de los niños que ven programas al respecto, debemos ser cautelosos al interpretar, para no hacer generalizaciones excesivas. Después de todo, la mayor parte de los estudios son investigaciones de laboratorio, conducidas en ambientes artificiales totalmente diferentes de los escenarios en los cuales los niños por lo regular ven los programas de televisión. Además, en muchos estudios se utilizan medidas limitadas de agresión, y no se sabe si ellas proporcionan indicaciones válidas de agresión en otras situaciones. Existe una necesidad urgente de contar con mejores datos acerca de los efectos de la violencia observada en los programas de televisión en una gran variedad de respuestas de los niños en las situaciones de la vida real. Es claro que la violencia que se observa en los programas de televisión no es benéfica para los niños que ven esos programas; con todo, debemos ser cautelosos al convertir a la televisión en el chivo expiatorio de los altos niveles de violencia que privan en nuestra sociedad.

Determinantes situacionales de la dependencia

Si bien la fuerza de las necesidades de dependencia de un niño es en gran medida consecuencia de las relaciones tempranas con su familia y con sus compañeros, las manifestaciones de dependencia también reciben la influencia poderosa de la situación inmediata. Los bebés que están lejos de sus madres durante periodos breves dan muestras de un intenso comportamiento de apego al reunirse de nuevo con ellas, aferrándose a la madre y rehusándose a ser puestos en el suelo, llorando cada vez que ella sale y dando muestras de un intenso temor al aproximarse algún extraño. Si una madre temporalmente proporciona menos cariño que el habitual, puede esperar que su hijo manifieste, en mayor grado que antes, un comportamiento dependiente.

Los efectos de la "privación social" sobre la dependencia —el aislamiento de los contactos sociales o una reducción en el nivel normal de interacción social— han sido estudiados extensamente. Por ejemplo, en un estudio experimental cada uno de los sujetos preescolares jugó solo, sin interacción social alguna, durante 20 minutos antes de participar en un experimento de aprendizaje simple. A un grupo control de niños se le presentó el mismo problema de aprendizaje pero no experimentó esta clase de privación social. La recompensa por las respuestas correctas durante el aprendizaje fue social: la aprobación verbal del experimentador.

Los sujetos experimentales (privados) respondieron en más alto grado a esta recompensa; esto es, aprendieron con mayor rapidez que el grupo control. Aparentemente, la ausencia de interacción social —y la concomitante falta de satisfacción de las necesidades de dependencia— conduce a una mayor necesidad de atención y aprobación (dependencia de otros), aumentando así el valor de recompensa de las expresiones verbales de aprobación. Además, los niños que característicamente son más dependientes (de acuerdo con la observación de su comportamiento en la escuela de párvulos) reaccionaron en forma más favorable a la aprobación de los adultos en la situación experimental.

Otro estudio experimental demuestra todavía con mayor claridad que la privación de contactos sociales y tranquilizadores agudiza la dependencia de un niño. Una experimentadora, mientras vigilaba a un grupo de niños de escuela de párvulos que jugaban libremente con juguetes, les proporcionó mucha atención y afecto, con lo cual satisfizo sus necesidades de dependencia. Entonces, súbitamente dejó de hablarles, retirándoles su atención y sus mimos y negándose a contestar sus preguntas. En términos psicológicos, después de satisfacer las necesidades de dependencia de los niños durante un periodo, los frustró. Un grupo control de niños recibió una satisfacción consistente de la necesidad de dependencia; esto es, la experimentadora no les retiró su afecto ni frustró sus necesidades de dependencia. Posteriormente, mientras aprendían una tarea, los niños del grupo frustrado parecieron mucho más motivados para buscar el elogio del experimentador —esto es, de ser mimado y de ver satisfechas sus necesidades de dependencia— que el grupo control. Aparentemente, la satisfacción de las necesidades de dependencia, cuando va seguida de privación social, amplificó su motivación de dependencia. Esto fue cierto en el caso de las niñas.

Como en el estudio mencionado anteriormente, los niños que habitualmente eran muy dependientes reaccionaron con gran fuerza ante esta frustración; se convirtieron en personas altamente motivadas para recibir el elogio del experimentador. Sin embargo, los niños independientes no resultaron afectados por el retiro del cariño y la atención. Podemos concluir que aunque la privación del cariño y cordialidad probablemente fortalecerá las necesidades de dependencia de un niño muy pequeño al menos temporalmente, la intensidad de las reacciones del niño está condicionada por la estructura de su personalidad y sus experiencias anteriores.

Los estados de ánimo y el comportamiento prosocial

Los estados de ánimo transitorios, incluyendo los sentimientos de éxito y de fracaso, son variables situacionales que ejercen efectos sustanciales tanto en el comportamiento de los niños como en el de los adultos. El no obtener algo que se desea, desde luego, constituye una frustración; el sentimiento de haber fallado puede conducir a una mayor inclinación a reaccionar en forma rápida y vigorosa ante otras frustraciones. Además, los estados de ánimo transitorios afectan a la probabilidad de actuar en una forma prosocial. La gente con mayor facilidad ayudará a otras personas y compartirá sus posesiones cuando se siente feliz, contenta o ha alcanzado el éxito en alguna empresa. Los sentimientos de fracaso y de tristeza tienden a reducir la generosidad y la cooperación de los niños.

LA MODIFICACIÓN DE LAS CARACTERÍSTICAS DE PERSONALIDAD DE LOS NIÑOS

El hecho de que pueda influirse en forma significativa en el comportamiento de los niños mediante factores de situación constituye otra prueba de que los patrones de comportamiento de los niños muy pequeños son flexibles y modificables. En consecuencia, si se encuentran con situaciones nuevas, en particular con interacciones sociales nuevas, las estructuras de su personalidad y sus comportamientos pueden sufrir modificaciones radicales.

Por ejemplo, las experiencias con los compañeros en la escuela pueden fomentar la confianza en sí mismo de un niño al que anteriormente le faltaba esta característica. Un niño tímido, hosco y apartado, producto de un ambiente hogareño áspero y restrictivo, puede explayarse en una escuela de párvulos tolerante con maestros cordiales y comprensivos, para convertirse en un niño vivaz, feliz y creador. De manera similar, un niño que es incapaz de identificarse con un padre frío y poco bondadoso puede retrasarse en la adquisición de características e intereses típicos de su sexo. Si entabla una fuerte amistad con un niño muy masculino, la identificación puede promoverse entonces y acelerar la tipificación por sexo del muchacho, compensando al menos en parte sus anteriores dificultades en este campo.

Por otra parte, las experiencias escolares o en el vecindario que son infortunadas pueden socavar los efectos benéficos de las buenas relaciones entre padre e hijo. Por ejemplo, si los padres han sido cordiales, apacibles y tolerantes, los niños pueden entrar a la escuela sintiéndose seguros, autónomos y confiados. Pero si su nivel de inteligencia es inferior al promedio o les falta motivación para estudiar, pueden sufrir experiencias amargas en la escuela y, en consecuencia, convertirse en personas frustradas y agresivas. Pueden cambiar de niños sociables, agradables y seguros a muchachos infelices, apartados y socialmente desajustados.

En resumen, el encontrarse con situaciones nuevas —en particular las relaciones sociales— puede conducir a reajustes de fondo y a alteraciones importantes en la personalidad y el comportamiento de los niños.

Las aplicaciones simples de los principios básicos del aprendizaje y reforzamiento sociales pueden producir modificaciones espectaculares en las características del comportamiento y la personalidad. En un experimento clásico, a 12 niños de escuela de párvulos, que tenían reacciones inmaduras ante el fracaso (se apartaban de los demás, renunciaban fácilmente, lloraban y se enfadaban, se les impartió un adiestramiento especial destinado a aumentar su perseverancia e independencia en la resolución de problemas difíciles. Un grupo control de 12 niños, que sólo eran ligeramente inmaduros, no recibieron adiestramiento especial. En el adiestramiento, el experimentador se reunió con cada uno de los niños en distintas ocasiones, presentándoles los problemas y estimulándolos para que los solucionaran en forma independiente. A medida que progresaba el adiestramiento, los problemas devenían más complejos y difíciles, pero los muchachos se interesaban cada vez más y se hacían continuamente más independientes. Solicitaban menos ayuda y perseveraban durante más tiempo en sus intentos por resolver los problemas. Los comentarios espontáneos que mostraban confianza en sí mismos (por ejemplo, "es un problema difícil pero cada vez los resuelvo mejor") se hicieron más frecuentes.

Después del adiestramiento, se dio a resolver a los grupos control y experimental problemas nuevos y difíciles. El grupo adiestrado mostró un incremento significativamente mayor en cuanto a independencia que el grupo control y un interés mayor del que habían mostrado originalmente, y trabajaron más intensamente que antes de recibir el adiestramiento. El llanto, los accesos de ira, los estallidos agresivos y los actos de destrucción ocurrieron con menos frecuencia como reacciones ante los problemas difíciles. Las respuestas maduras e independientes, aprendidas durante el adiestramiento, aparentemente se generalizaron a los problemas nuevos. Sin embargo, los del grupo control no mostraron un mejoramiento significativo en sus intentos por resolver problemas difíciles ni en sus reacciones ante la frustración.

Los maestros de la escuela de párvulos pueden crear nuevas situaciones simples que producen algunas modificaciones en el comportamiento. Como hemos visto, algunos niños se comportan en forma muy agresiva en el ambiente tolerante de la escuela de párvulos. Con todo, cambios leves en las respuestas de los maestros ante la agresión pueden producir algunas modificaciones notables en la agresión, como lo demostró el siguiente estudio. Durante dos semanas los experimentadores, que eran maestros en una escuela de párvulos, ignoraron la agresión de los niños tanto como les fue posible y recompensaron el comportamiento cooperativo y pacífico con atención y elogios. Las respuestas agresivas de los alumnos habían sido observadas y estimadas durante una semana antes del periodo de adiestramiento con el fin de determinar su "tasa básica", y se hicieron estimaciones similares después de la primera semana del periodo de entrenamiento.

Las manipulaciones simples de recompensar la cooperación y de ignorar (no recompensar) la agresión obtuvieron un éxito notable con gran rapidez y, aparentemente, produjeron algunos efectos duraderos. Los actos de agresión física y verbal disminuyeron en forma significativa en la segunda semana del experimento, en tanto que aumentó el número de actos de cooperación. Algunos niños extremadamente agresivos se volvieron amistosos y cooperadores hasta un grado que difícilmente podría haberse anticipado antes de que se iniciara el adiestramiento. La fuente de estos cambios impresionantes fue una simple manipulación del medio ambiente, una aplicación directa de los principios básicos del aprendizaje por reforzamiento.

Los padres pueden aprender fácilmente los principios básicos de la modificación conductual y aplicarlos con éxito para cambiar algunos aspectos del comportamiento de sus hijos. Como los comportamientos sumamente agresivos de los niños se perpetúan por las reacciones de los miembros de sus familias, Patterson y sus colegas diseñaron un programa de modificación conductual que los padres podrían utilizar para reducir la agresión de un niño.* Primero se adiestró a los padres para definir y mantener registros exactos de determinados comportamientos "meta", los más indeseables entre las respuestas agresivas de los niños. Después, por medio del modelamiento y la representación de papeles, se les enseñaron formas efectivas de recompensar las respuestas deseables y de ignorar o castigar los actos agresivos. La aplicación de estas técnicas resultó sumamente provechosa para "moldear" los comportamientos de sus hijos. Después de algunos meses del programa de tratamiento, más del 75% de los niños agresivos mostró grandes reducciones en el grado de agresión expresado y en el número de "estallidos" de comportamiento agresivo. Ninguno de tales cambios había ocurrido en un grupo control igualado de niños agresivos y sus familias. Aparentemente, los padres pueden controlar la agresión de sus hijos simplemente mediante la aplicación de los principios de la "buena paternidad", junto con un programa consistente en recompensas y castigos.

Los compañeros también pueden ser agentes de modificación conductual (¡y psicoterapeutas exitosos!) modelando simplemente el comportamiento adaptativo. Esto quedó espectacularmente ilustrado en el estudio del "tratamiento" de un grupo de niños que estaban en edad de asistir a la escuela de párvulos y que tenían fobias hacia los perros (temor excesivo a esos animales). En ocho ocasiones observaron un modelo de 4 años de edad que jugaba con un perro y lo acariciaba. En cada una de las sesiones sucesivas, el modelo permaneció con el perro durante un periodo prolongado, mientras interactuaba con él en forma intensiva. Un grupo control de niños con fobias igualmente severas no observó al modelo. El día posterior al término de la serie de tratamiento, se observó a cada uno de los niños cuando éstos se encontraban nuevamente con el perro. Los que habían observado al modelo se aproximaron al perro con presteza, lo acariciaron y jugaron con él. Un mes después estas ganancias todavía podían observarse, y las respuestas de acercamiento amistoso se generalizaron del perro con el cual estaban familiarizados, a otro desconocido. Sin embargo, los del grupo control seguían siendo tan temerosos como lo habían sido anteriormente y eludían al perro.

Las películas donde figuran los compañeros como modelos también pueden ser efectivas para hacer disminuir la timidez y promover la so-

* Patterson, "Reprogramming the Families of Aggressive Boys", págs. 154-194.

ciabilidad. Algunos niños retraídos de escuela de párvulos fueron expuestos a películas donde sus compañeros observaban jugar a otros niños y después se unían a las actividades y disfrutaban de la participación. Después de ver esta película, los niños devinieron mucho más sociables en la escuela de párvulos y se empeñaron en un número significativamente mayor de interacciones con sus compañeros. Los niños de un grupo control no vieron la película; no se volvieron menos apartados y continuaron evitando las relaciones sociales con sus compañeros. La intervención tuvo efectos duraderos. Un mes después los que habían sido expuestos a la película continuaron comprobando que las interacciones con los demás niños eran muy disfrutables.

Los experimentos y observaciones de esta clase nos llevan a concluir que las respuestas inmaduras y desadaptadas del niño muy pequeño pueden ser modificadas con relativa facilidad. Mediante un adiestramiento bastante simple, un niño puede adquirir mejores maneras de hacer frente a la frustración y devenir más independiente, más perseverante, más calmado, menos agresivo, más cooperativo, más sociable y menos temeroso. Pero lo que reviste mayor importancia es que las nuevas respuestas de la situación de adiestramiento probablemente se generalizarán a otras situaciones.

6

Desarrollo del comportamiento social

Nuestro análisis del desarrollo de la personalidad en los capítulos 4 y 5 necesariamente incluyó alguna consideración de los aspectos importantes del comportamiento social, debido a que las evaluaciones de la personalidad del niño se basan principalmente en observaciones de sus interacciones con los demás. Por ejemplo, juzgamos que los niños son sumamente agresivos si atacan o disputan frecuentemente con sus compañeros; altruistas si ayudan a otros, y dependientes si solicitan excesiva asistencia o tranquilidad. Así, el lector posee ya cierto conocimiento acerca del desarrollo de las interacciones sociales y los antecedentes de las diferencias individuales en el comportamiento social. En el capítulo presente nuestra atención se centrará directamente en la naturaleza y características de las interacciones entre compañeros, incluyendo la amistad; en la estructura de los grupos de niños; en la aceptación de los compañeros o la popularidad de que se disfruta ante ellos; en el liderazgo y en los valores, opiniones y actitudes de los niños.

Los psicólogos pueden estudiar el comportamiento social y el desarrollo del niño por medio de una observación cuidadosa y naturalista o mediante el uso de métodos experimentales. En la *observación*, un investigador comúnmente busca un lugar adecuado para observar la conducta de los niños en una escuela de párvulos, en el patio de recreo o en el lugar de reunión y, utilizando habitualmente un método de muestreo de tiempo, registra sistemáticamente las interacciones de los niños. Por ejemplo, un investigador interesado en el comportamiento agresivo anotará todos los casos de agresión física, destrucción de juguetes y agresión verbal al maestro o a otros niños. O podría utilizarse un cuestionario que incluya muchos reactivos de agresión y se registraría el comportamiento apropiado según ocurra. En los *experimentos* relativos al desarrollo del comportamiento social, los niños son observados en escenarios especialmente diseñados y se registran sus reacciones ante la situación y ante otros niños.

EL COMPORTAMIENTO SOCIAL DURANTE LOS AÑOS PREESCOLARES

Los bebés devienen sensibles a la estimulación social, en particular la de quienes los atienden, desde un momento muy temprano de su desarrollo. Pero resulta difícil determinar exactamente cuándo comienzan a reaccionar socialmente ante sus compañeros. Si se colocan bebés de entre 6 y 12 meses de edad uno cerca del otro, se ven, se acercan y se exploran y, un poco después, hacia el final del primer año, algunos comparten sus juguetes. Estos contactos son muy breves, de unos cuantos segundos a un minuto, y la mayor parte de ellos no son interacciones sociales reales; más bien, un niño inicia un contacto social pero en general no produce más respuesta que una ojeada o una mirada de los otros. En un estudio, ciertos niños que estaban en el segundo año de vida fueron reunidos en grupos con sus madres presentes en la sala. Los pequeños interactuaron en formas más variadas y complicadas que los bebés menores: acercándose e intentando ponerse en contacto, pellizcando, estrechándose, disputando, ofreciendo cosas mutuamente; se golpeaban, atraían la atención de otro niño; sin embargo, la mayor parte de los contactos sociales duraron menos de 30 segundos, y tuvo lugar muy poco juego interactivo. Si los niños de esta edad son reunidos en parejas, dentro de un corral de juego, por ejemplo, son mucho más sensibles el uno respecto del otro. Las muestras de sociabilidad aumentan con la edad en los primeros dos años. Los participantes en un estudio, niños de entre 6 y 25 meses de edad, fueron colocados en parejas en un corral de juego y observados durante periodos de cuatro minutos. Al aumentar la edad, las respuestas cambiaron constantemente desde la indiferencia inicial hacia el compañero hasta el interés social y el juego cooperativo. Los bebés de entre 6 y 8 meses de edad por lo general se ignoraron mutuamente, pero tuvieron lugar algunos contactos sociales rudimentarios, tales como observarse, sonreír y asir al compañero. Los niños de entre 9 y 13 meses de edad prestaron alguna atención a sus compañeros, y tuvieron lugar conflictos si un niño intentaba arrebatar un juguete a otro. Entre los 14 y los 18 meses, la atención hacia el compañero en cuanto individuo aumentó considerablemente, y disminuyeron simultáneamente los conflictos por la posesión de un juguete. Entre los 19 y los 25 meses, el número de contactos sociales —observar y sonreír al compañero— aumentaron, y el juego llegó a ser mucho más cooperativo y amistoso. En general, tratándose de niños que estaban en el segundo año de edad, el estar en un área limitada con otro niño conduce más a la sociabilidad que una situación que incluya muchos niños juntos en una sala grande. Sin embargo, incluso en las mejores circunstancias, las relaciones sociales durante el segundo año son limitadas.

A la edad de 2 años muchos niños parecen preferir interactuar con otros niños que jugar solos. Los niños de esta edad imitan las acciones de los demás, se dirigen sonrisas mutuamente, vocalizan, se ofrecen e intercambian juguetes o se entretienen con juegos sociales. Ocasionalmente experimentan conflictos directos, por ejemplo, si ambos son atraídos por el mismo juguete.

Al aumentar la edad durante el periodo de la escuela de párvulos, las interacciones aumentan en frecuencia, intensidad y duración. Los niños dedican más tiempo a las actividades cooperativas (a jugar con otros en proyectos conjuntos, a compartir materiales) y menos tiempo a sentarse ociosos, a jugar solos o simplemente a observar a los demás. Al cumplir la edad de asistir a la escuela de párvulos, los niños parecen sentirse seguros desde el punto de vista emocional cuando están con compañeros conocidos, aun cuando las madres no estén presentes, y buscan la atención y el elogio de sus compañeros.

A medida que crecen, las interacciones sociales de los niños duran más tiempo y se vuelven más disfrutables; se establecen fuertes vínculos con los amigos.

De acuerdo con los datos procedentes de un estudio longitudinal sobre las interacciones sociales, a la edad de 3 años, los niños han adquirido formas relativamente estables de relacionarse con otros de su misma edad. Algunos interactúan primariamente por medio de disputas, asaltos y protestas, en tanto que otros tienen enfoques más positivos respecto de sus compañeros, les proporcionan cosas, cooperan en el trabajo y en el juego y expresan afecto.

Estos cambios que tienen lugar con la edad en el comportamiento social pueden atribuirse en parte al hecho de que la escuela de párvulos ofrece muchas oportunidades de interacción con los compañeros. Asimismo, las mayores destrezas físicas y cognoscitivas de los niños permiten la participación en actividades cooperativas más complejas. Los padres y los maestros por lo general estimulan a los niños de esta edad paraque se dediquen a actividades sociales; además, los compañeros recompensan las respuestas destacadas y amistosas de los niños en la escuela y en el patio de juego. En consecuencia, lo más probable es que estas respuestas se repitan. Al mismo tiempo, la inactividad, el juego solitario y la no participación resultan censuradas por los padres y los maestros de la escuela de párvulos, de manera que estas respuestas tienden a debilitarse y a disminuir.

Amistades preescolares

Entre las edades de 2 y 5 años, el número de conflictos y disputas entre los niños disminuye constantemente y los contactos amistosos se vuelven más prominentes. Durante estos años, los niños establecen sus primeras amistades, habitualmente con otros de su propio sexo, aunque la división por sexos en las relaciones sociales no es tan fuerte en esta edad como durante la niñez intermedia y la preadolescencia. Entre las edades de 2 y 3 años, el número de amigos que tiene un niño tiende a aumentar; después de esta edad, se desarrollan apegos más firmes hacia unos pocos amigos en particular. Con todo, las amistades de la edad preescolar por lo general son causales, inestables y sumamente transitorias.

Un niño preescolar sensible y socialmente orientado que busca compañeros tiene una diversidad de experiencias sociales, algunas satisfactorias y otras frustrantes. En consecuencia, puede mostrar respuestas sociales que parecen contradictorias. Por ejemplo, los amigos de la edad preescolar tienden a discutir con mayor frecuencia entre sí que los niños que raramente se asocian con algún otro. Muchos niños agresivos en la escuela de párvulos resultan sumamente comprensivos con sus compañeros de clase, respondiendo rápidamente ante sus problemas. El niño que toma un juguete de un compañero de juego en un momento puede apresurarse a consolar al niño que se siente descontento por el hecho y que llora a su lado.

La popularidad durante la edad preescolar

Los niños populares y los líderes pueden distinguirse desde una edad tan temprana como el periodo de la escuela de párvulos. Algunos niños son buscados continuamente como compañeros de juego; otros son constantemente rehuidos y evitados por sus compañeros de la escuela de párvulos. La condición de popularidad de un niño puede evaluarse al observar su participación social directamente, registrando el número y la naturaleza de sus contactos sociales con los compañeros. O también pueden utilizarse preguntas *sociométricas*; se pide a los niños que nombren (o que escojan entre las fotografías de todos los niños de las escuelas) los niños de su clase que más les agradan, con cuáles desean jugar, junto a cuáles desean sentarse, quiénes les disgustan, y así sucesivamente.

Se ha encontrado que la popularidad guarda una correlación significativa con medidas conductuales de amistad (número de acercamientos amistosos a otros y la participación en un juego asociativo). Comparados con los niños no populares, los niños que sí lo son otorgan a sus compañeros más reforzamientos sociales (atención o aprobación, afecto, indicaciones de aceptación, imitación de otro niño, complacencia de buena voluntad ante la solicitud de otros) y conceden estos reforzamientos a un número de niños mayor. La agresividad guarda una correlación negativa con la popularidad; los niños populares riñen relativamente poco y rara vez atacan o insultan a sus compañeros. También tienden a ser generalmente conformistas y cooperativos en su enfoque de las rutinas de la escuela de párvulos, no debido a que sean pasivos o abiertamente complacientes, sino más bien porque desean "modular su propio comportamiento y entablar los compromisos necesarios para lograr la operación pacífica y eficiente del grupo".*

La dependencia también se relaciona con la aceptación de los compañeros pero en forma más bien complicadas. La dependencia emocional con respecto a los adultos —por ejemplo, buscar atención, comodidad y apoyo de los maestros— está relacionada en forma negativa e importante con la popularidad. La dependencia orientada hacia los compañeros, por otra parte, guarda una correlación positiva. "La necesidad o el deseo de un niño de buscar ayuda, afecto y apoyo de sus compañeros puede en realidad mejorarlo ante sus ojos. Los niños muy pequeños pueden sentirse halagados al advertir que un compañero acude a ellos en busca de ayuda, afecto y apoyo."†

Conflictos sociales

Existen grandes diferencias individuales en la inclinación a los conflictos, pero el niño promedio de la escuela de párvulos entre 2 y 4 años de edad participa en alguna clase de conflicto cada cinco minutos. Los niños tienden a participar en más conflictos y a producir más ataques, en tanto que las niñas tienden a discutir más. Estas diferencias por sexo son más pronunciadas entre los niños mayores de la escuela de párvulos, reflejando su tipificación sexual más firmemente establecida en cuanto a comportamiento.

En general, las interacciones de los niños en edad preescolar son característicamente más cooperativas y amistosas que hostiles o compe-

---

* S. G. Moore, "Correlates of Peer Aceptance in Nursery School Children", en *The Young Child: Reviews of Research*, dir. por W. W. Hartup y N. L. Smothergil (Washington, D. C.: National Association for the Education of Young Children, 1967), pág. 241.

† *Ibid.*, pág. 244.

titivas. Incluso los niños más agresivos en edad preescolar realmente emiten más respuestas amistosas que agresivas. La agresividad, por otra aparte, tiende a ser una característica bastante estable; la frecuencia de los conflictos de un niño en el transcurso de su estancia en la escuela de párvulos es un indicador confiable de su inclinación hacia los conflictos en la preprimaria.

RELACIONES SOCIALES EN LA ETAPA INTERMEDIA DE LA NIÑEZ

Las relaciones sociales durante los años escolares son más extensas, más intensas y más importantes para el niño que las de los años anteriores. Si bien las amistades de la etapa preescolar por lo general son causales y efímeras, los amigos de la escuela primaria probablemente serán agentes de socialización importantes, los cuales ejercen efectos directos y poderosos en su personalidad y su desarrollo social.

Aproximadamente desde las edades de 7 a 12 años, los niños se interesan excesivamente en su "pandilla", un grupo informal con una rotación de miembros bastante rápida. Posteriormente, entre las edades de 10 y 14 años, devienen más destacados los grupos altamente estructurados con requisitos de organización y afiliación formal, como pueden ser los niños y niñas exploradores, en especial entre los niños de la clase media.

Popularidad

Las características de la personalidad asociadas con la popularidad durante la parte intermedia de la niñez son paralelas a las que están asociadas con la popularidad preescolar: amistad, sociabilidad, cordialidad, sensibilidad hacia las necesidades y los sentimientos de otros niños, así como el entusiasmo. Los niños y las niñas con aspecto atractivo son populares entre los niños de su propio sexo, y la capacidad atlética se relaciona con la popularidad entre los niños. El ajuste emocional (libertad relativa de la ansiedad), la aceptación de otros, el espíritu de cooperación y la conformidad con las normas del grupo también guardan una correlación positiva con la popularidad durante este periodo. La expresión de agresión inapropiada —agresión que es inmadura, no provocada, indirecta e insultante— se correlaciona negativamente con la popularidad, aunque, de acuerdo con algunos estudios, el responder en forma agresiva ante provocación está asociada con la aceptación de los compañeros.

En general, los niños populares son aquellos que son percibidos como competentes de acuerdo con las normas de su propio grupo.

El buen ajuste, la fraternidad, la ansiedad baja, un nivel razonable de autoestimación y algún grado de sensibilidad hacia las necesidades y los sentimientos de otros miembros del grupo parecen estar asociados con la popularidad en la mayoría de los grupos. Si el grupo valora la rudeza en los varones, un niño que es competentemente agresivo será popular. Si estima las realizaciones atléticas o el logro intelectual, la competencia en esas áreas estará asociada con la popularidad. En resumen, la naturaleza del grupo y la situación deben ser consideradas antes de que pueda producirse expresión alguna acerca de los factores de la personalidad en la popularidad.*

Los atributos de la personalidad relacionados con la popularidad varían con el sexo y la edad. Así, entre las niñas del primer grado, la popularidad va asociada con "el ser tranquila y no agresiva", en tanto que en el quinto grado las características correlacionadas con la popularidad de las niñas son el buen aspecto, el ser buen deportista, la fraternidad y la falta de espíritu pendenciero. Los niños populares de primer grado se consideran buenos deportistas, atrevidos y hábiles en los juegos; entre los niños del quinto grado, los más populares son los que tienen buen aspecto, los que no son tímidos, los que son "verdaderos muchachos". La condición de popularidad en la niñez es un augurio bastante adecuado de la popularidad posterior; los que son populares entre sus compañeros durante la parte intermedia de la niñez probablemente serán populares cuando sean adolescentes.

Amistades

Al escoger a sus amigos, los niños entre la edad de 8 años y la adolescencia por lo general prefieren a los miembros de su propio sexo. Entre las edades de 6 y 8 años, el sexo se pasa por alto en las agrupaciones para jugar, pero, aproximadamente a la edad de 8 años, las actitudes parecen cambiar y las asociaciones con los miembros del sexo opuesto disminuyen agudamente. A la edad de 11 o 12 años, los niños y las niñas de la cultura estadounidense están casi completamente separados entre sí en los grupos de juego y en las reuniones sociales. "Esta etapa de segregación comenzó con una reserva altanera, devino en desprecio evidente y en hostilidad activa, y después cambió a un ostra-

* E. M. Hetherington y R. D. Parke, *Child Psychology* (Nueva York: McGraw-Hill, 1975), pág. 425.

cismo tímido que pareció marcar el fin de este periodo y el comienzo de la heterosexualidad adolescente después de la pubertad."*

La segregación sexual durante estos años probablemente guarda relación con la tipificación por sexos y con las presiones culturales sobre los niños para que adopten un comportamiento apropiado para su sexo. A medida que cambien las actitudes y los valores sociales, indudablemente existirá menor tensión sobre los papeles sexuales y los patrones de comportamiento estereotipados. Entre los niños estadounidenses de la década de 1970 existían, sin embargo, notables diferencias sexuales en cuanto a juego, lectura, preferencias cinematográficas y de programas de televisión, así como en las aspiraciones y elecciones vocacionales. Los niños entre las edades de 8 y 11 años están principalmente interesados en participar en juegos activos, vigorosos y competitivos, en donde entran en juego destrezas musculares, en tanto que las niñas de esta edad por lo general están empeñadas en actividades más tranquilas y sedentarias. Las elecciones ocupacionales también reflejan la tipificación por sexos; los niños escogen vocaciones tales como científico o piloto y las niñas aspiran a desempeñar actividades como maestras, enfermeras o trabajadoras sociales. Como los compañeros del mismo sexo probablemente tendrán las mismas necesidades e idénticos intereses, es mayor la probabildad de que se conviertan en amigos satisfactorios y gratificantes.

El periodo intermedio de la niñez generalmente está marcado por amistades más intensas y no por aumentos significativos en el número de amigos. Los "mejores amigos" del niño habitualmente proceden de su propio vecindario o salón de clase y poseen características de personalidad valiosas para él. Cuando se les preguntan las razones en que se basan para escoger a sus amigos, los niños del segundo grado subrayan factores externos: una casa bonita, buen aspecto, tener dinero para gastar. Los alumnos del sexto grado, sin embargo, recalcan las características personales como fraternidad, alegría y similitud de intereses.

Las parejas de amigos (amistades recíprocas) tienden a parecerse entre sí en madurez social, edad cronológica, altura, peso, inteligencia general y metas educativas y ocupacionales. ¿Los amigos se escogen sobre la base de la *similitud* en las características personales, o bien se atraen los contrarios? No existe una respuesta clara a esta pregunta. Ciertamente los niños capaces, amigables, llenos de energía, sensibles, sociables y emprendedores a menudo se atraen mutuamente, probablemente debido a que se comprenden mejor y satisfacen sus necesidades

---

* E. H. Campbell, "The Social-Sex development in children", *Genetic Psychology Monographs*, 21, núm. 4 (1939), 465.

mutuas. Otras clases de niños a menudo son atraídos hacia aquellos que tienen estas características, pero por lo regular son rechazados.

Un estudio produjo alguna evidencia de *complementariedad* —atracción de los contrarios— en las elecciones recíprocas de amistades de niños del octavo grado. Por ejemplo, muchos niños que buscaban atención tenían amigos dispuestos a compartir la popularidad y que los apoyaban. Entre las niñas del mismo estudio, no hubo prueba alguna de complementariedad en las elecciones de amistades. Más bien las amigas mutuas eran similares en variables tales como sociabilidad, preocupación por pasarla bien e interés por la actividad social.

En comparación con las amistades de la adolescencia y de la edad adulta, las amistades durante la parte intermedia de la niñez son más superficiales e inestables; suponen un menor compromiso emocional. Los fundamentos son el compartir actividades, hacer cosas juntos, conceder favores y llevarse bien con facilidad, en lugar de otras consideraciones más sutiles y complejas. En este periodo del desarrollo, los intereses fluctúan rápidamente de manera que los amigos "antiguos" ya no proporcionan las clases de satisfacciones que proporcionaban hasta hace poco tiempo. En consecuencia, los intereses llegan a cristalizarse con mayor firmeza; al mismo tiempo, las amistades devienen más pertinentes desde el punto de vista emocional, más estables y más duraderas.

PATRONES SOCIALES DE LOS ADOLESCENTES

Las relaciones sociales de los adolescentes son más complejas y tienen más ramificaciones que las de los niños de menor edad. Los adolescentes viven simultáneamente en dos mundos, uno de niños y otro de adultos, en una especie de posición marginal o sobrepuesta y no saben a cuál de los dos pertenecen. Al mismo tiempo tienen muchas demandas nuevas, urgentes y conflictivas sobre sí: escoger una vocación, alcanzar alguna independencia de la familia, hacer frente a poderosos —y a menudo reprimidos— impulsos sexuales. Los compañeros pueden revestir inestimable valor para ayudar al adolescente a tratar con sentimientos complejos, conflictos y sentimientos amenazantes o reprimidos. Los amigos íntimos del adolescente se sienten libres para discutir estas cuestiones en forma abierta y para criticarse mutuamente. En consecuencia, pueden aprender a modificar el comportamiento, los gustos y las ideas sin experiencias dolorosas de desaprobación o rechazo.

Como los adolescentes tienen mayor movilidad que los niños más pequeños, su mundo social se amplía y pueden mantener amistades en torno a áreas geográficas más extensas. Anteriormente, la mayor parte de sus compañeros y amigos vivía en su propio vecindario y en el mismo grupo de su clase social, pero en la escuela secundaria es probable que conozcan a muchachos y muchachas de otras partes de la comunidad y de otros grupos étnicos y culturales. Además, están más abiertos a experiencias e ideas nuevas y más flexibles en su pensamiento. De aquí que los adolescentes tengan más oportunidades de adquirir actitudes, costumbres y sistemas de valores nuevos.

Dinámica de los grupos de adolescentes

Una serie muy llamativa de estudios conducidos por Musafer Sheriff y sus colegas constituye la fuente de conocimientos importantes acerca de la formación de los grupos, las relaciones entre grupos, las tensiones intergrupales y el liderazgo durante la adolescencia.* Los resultados de estos estudios tienen implicaciones importantes no sólo para comprender a los adolescentes sino también para entender la dinámica de grupos en general.

Un grupo de niños blancos, protestantes y de clase media fue llevado a un campamento de verano y dividido en dos subgrupos que fueron cuidadosamente igualados en lo que respecta a capacidad y características de personalidad. Hubo muy poco contacto entre los dos grupos durante los cinco días del estudio; ocuparon cabañas separadas y desarrollaron sus propios programas de actividades con muy poca dirección de los adultos. Dentro de este breve periodo, surgieron en ambos grupos claras estructuras jerárquicas. Los puestos de dirección y del "hombre inferior del poste del tótem" cristalizaron pronto. Los dirigentes tendieron a ser muchachos sumamente inteligentes, activos, sociables, asertivos y agresivos, aunque la dirección y la popularidad sólo se correlacionaban ligeramente.

Tampoco se necesitó mucho tiempo para que cada grupo estableciera normas y reglas. Cada grupo adoptó un apodo de identificación para el grupo, y tuvo lugar mucha discusión entre "ellos y nosotros". Los miembros mismos del grupo formularon reglas, sanciones y castigos, aunque estas normas eran flexibles y modificables a medida que los intereses y las actitudes del grupo cambiaron.

> ...las jerarquías emergentes y las normas compartidas... mantienen la existencia del grupo. No se sigue que los niños tengan una propensión "natural" a formar grupos estructurados o que necesiten com-

* M. Sheriff y col., *Intergroup Conflict and Cooperation: The Robbers Cave Experiment* (Norman: University of Oklahoma Book Exchange, 1961).

partir normas con sus compañeros a fin de sobrevivir. Más bien parece que los incentivos y los castigos que surgieron de la interacción misma con los compañeros producen estos resultados; a su vez, estos resultados sirven para sostener al grupo.*

Valiéndose de las mismas técnicas, en parte naturalistas y en parte experimentales —esto es, dividiendo un grupo de campamento de verano en dos grupos separados—, los investigadores intentaron hacer de cada grupo una unidad cohesiva al obligar a los miembros a cooperar en muchas actividades diarias, como obtener comida y preparar y servir los alimentos. No se necesitó mucho tiempo para que los miembros de estos grupos desarrollaran sentimientos fuertes de pertenencia al grupo. Una vez que estos sentimientos estuvieron establecidos, los investigadores comenzaron a establecer una competencia entre los dos grupos. Por ejemplo, dispusieron la celebración de juegos competitivos y concedieron premios al equipo ganador. En estas condiciones, se desarrollaron rápidamente tensiones entre los grupos y los investigadores crearon situaciones para aumentar el nivel de estas tensiones. Celebraron una fiesta y se las arreglaron para que un grupo llegara poco tiempo después que el otro. Cuando llegó el segundo grupo, el primero había consumido los mejores refrescos, dejando sólo los menos apetitosos para sus rivales. Es comprensible que los sentimientos hostiles aumentaran; los muchachos se insultaron y se arrojaron comida, tazas y otros objetos.

Los investigadores, entonces, intentaron reducir las hostilidades entre los grupos al eliminar situaciones competitivas de conflicto y al estimular los contactos simples y no competitivos entre los grupos; por ejemplo, hacerlos asistir juntos a funciones de cine, comer en la misma sala y jugar en la misma zona. Sin embargo, este último intento resultó contraproducente; el colocar a los grupos en proximidad estrecha sólo sirvió para aumentar sus hostilidades mutuas.

Sólo cuando lograron que los miembros de los dos grupos cooperaran, los investigadores lograron reducir estas hostilidades. Formaron un equipo de béisbol con "estrellas" que incluyeron a miembros de ambos grupos y jugaron en contra de un grupo de muchachos de una población vecina. "Inesperadamente" el camión del campamento se descompuso, y todos los muchachos tuvieron que cooperar para repararlo a fin de que pudieran disfrutar un viaje de día de campo. Después de varias de estas actividades cooperativas, la animadversión entre los grupos se redujo considerablemente y se desarrollaron amistades entre los miembros de

---

* W. W. Hartup, "Peer Interaction and Social Organization", en *Carmichael's Manuel of Child Psychology*, 3ª ed. dir. de P. H. Mussen (Nueva York: John Wiley and Sons, 1970), pág. 371.

los dos grupos diferentes. De hecho, comenzaron a cooperar en forma espontánea en otras situaciones, y desaparecieron las evidencias de hostilidad.

Estas investigaciones nos dieron una información importante acerca de la función de la cooperación y la competencia en el desarrollo de resentimientos y hostilidad entre grupos. También conllevan algunas implicaciones prácticas:

> ...si, por ejemplo, puede barajarse la composición de dos grupos hostiles y los grupos recién formados fueran inducidos a funcionar con algún propósito común, la hostilidad interpersonal *dentro* de cada grupo nuevo debería disminuir. Además, si dos grupos hostiles se combinan para trabajar en forma cooperativa para alcanzar una meta supraordinada, la hostilidad entre los grupos debe reducirse.*

Camarillas y pandillas de adolescentes. Los análisis de la interacción entre compañeros sugieren que existen dos clases básicas de grupos durante la adolescencia: las pandillas relativamente numerosas y camarillas mucho más pequeñas (por lo general, aproximadamente un tercio de la pandilla). Ésta es esencialmente una asociación de camarillas, aunque una persona puede ser miembro de una camarilla pero no miembro de la pandilla. Una camarilla generalmente constituye un grupo pequeño que incluye a los mejores amigos del sujeto y a otros pocos adolescentes, que por lo regular no son más de seis o siete. Esto permite y estimula un grado mayor de intimidad y de cohesión del grupo, y una gran parte de la interacción dentro de la camarilla se centra en discutir las necesidades básicas, los conflictos, los sentimientos y las ideas. Actividades sociales más grandes y mejor organizadas, tales como fiestas, es más probable que sean funciones de la pandilla. Al aumentar la madurez durante la adolescencia, la estructura de los grupos de compañeros cambia. Dexter Dunphy, sociólogo que ha estudiado los grupos de compañeros de adolescentes en profundidad, advierte que los cambios estructurales se desarrollan en cinco etapas:

Etapa 1: Persistencia de las camarillas de preadolescentes del mismo sexo en el periodo adolescente.

Etapa 2: Las camarillas del mismo sexo comienzan a participar en la acción heterosexual —a menudo de una clase superficialmente antagonista—, pero estas interacciones ocurren sólo en la seguridad del escenario del grupo en donde el individuo es apoyado por amigos cercanos de su mismo sexo.

Etapa 3: Los miembros de posición elevada de las camarillas de niñas comienzan a interactuar sobre una base individual con los miem-

* *Ibid.*, pág. 372.

bros de posición elevada de las camarillas de varones. Esto supone la transición a las camarillas heterosexuales, en tanto que cada individuo todavía mantiene su afiliación a la camarilla de su mismo sexo.

Etapa 4: La reorganización de las camarillas del mismo sexo y la formación de nuevas pandillas heterosexuales en asociación íntima.

Etapa 5: La lenta desintegración de la pandilla y la formación de camarillas formadas por parejas que son novios o tienen compromiso.*

La afiliación a pandillas y camarillas en la escuela secundaria recibe una fuerte influencia de factores tales como clase social, aspiración educativa (planes para asistir a la escuela superior o no), antecedentes étnicos, vecindario, intereses y pasatiempos comunes, madurez social y personal y grado de interés heterosexual. Los grupos de muchachos son un tanto más democráticos y flexibles que los grupos de muchachas, y las destrezas atléticas y la sociabilidad en general son consideraciones más importantes.

Amistades de los adolescentes

Como lo hicimos notar anteriormente, los adolescentes de nuestra cultura a menudo experimentan dudas, ansiedades y fuertes resentimientos. Necesitan desesperadamente amigos en los cuales puedan confiar completamente, con los cuales puedan compartir sus sentimientos complejos, sus conflictos y secretos sin temor de malos entendimientos o rechazo. Por estas razones, las amistades de los adolescentes son, típicamente, más íntimas, más honestas y abiertas, y suponen sentimientos más intensos que los de periodos anteriores. En consecuencia, contribuyen más al desarrollo de la persona y, más específicamente, pueden desempeñar un papel crítico en ayudar a los adolescentes a definir sus capacidades.

...la ventaja particular de la amistad adolescente es que ofrece un clima para el desarrollo y el conocimiento de sí mismo que la familia no está equipada para ofrecer, y que muy pocas personas pueden proporcionarse a sí mismas. La amistad ocupa, descarga, cultiva y transforma las pasiones más agudas del adolescente, y así le permite confrontarlas y dominarlas. Debido a que conlleva tanto de la carga del desarrollo del adolescente, la amistad adquiere en este periodo una pertinencia y una intensidad que nunca había tenido antes ni (en muchos casos) volverá a tener.†

* D. C. Dunphy, "The Social Structure of Urban Adolescent Peer Groups", *Sociometry,* 26 (1963), 238.
† E. Douvan y J. Adelson, *The Adolescent Experience* (Nueva York: John Wiley & Sons, 1966), pág. 174.

Los amigos "se examinan a sí mismos, compartiendo sus experiencias, sus planes, sus ambiciones y sus secretos más íntimos. En el verdadero sentido, se explican a sí mismos mutuamente y, al proceder así, cada uno se explica a sí mismo".*

La naturaleza de las relaciones amistosas cambia durante el periodo de la adolescencia. Las primeras amistades adolescentes no son muy diferentes de las de la parte intermedia de la niñez; son relativamente superficiales, suponen el hacerse favores mutuamente, compartir actividades y simplemente llevarse bien. Cuando se llega a la parte intermedia de la adolescencia, las relaciones son "mutuas, interactivas, emocionalmente interdependientes; la personalidad del otro y su respuesta ante el yo devienen los temas centrales de la amistad". † Durante este periodo, los adolescentes revelan un talento distintivo para la amistad. Más que en edades anteriores o posteriores, el individuo es flexible y dispuesto a cambiar, y está convencido de que mediante un esfuerzo consciente o deliberado *puede* cambiar.

Es comprensible, pues, que los principales criterios que los adolescentes utilizan en la selección de amistades son la lealtad, la comprensión, el merecer confianza, el respeto por las confidencias y la capacidad de prestar apoyo en las crisis emocionales. Los amigos mutuos probablemente se parecerán en características sociales y de personalidad tales como edad, inteligencia, posición socioeconómica, intereses compartidos y metas vocacionales. Si bien las amistades ocasionalmente pueden suponer la complementariedad —una adolescente extravertida puede tener una amiga tímida e inhibida—, las semejanzas generalmente son más prominentes que las diferencias. Debido a que las amistades en esta edad son muy intensas, pueden ser frágiles y correr peligros con mayor facilidad que las de la mayoría de los adultos, los cuales presentan demandas más modestas a sus amigos.

En el periodo posterior de la adolescencia, a medida que las relaciones heterosexuales se desarrollan, existe menos confianza exclusiva en los amigos del mismo sexo. Compartir confidencias con alguien es todavía importante, pero es una cualidad menos apasionada para las relaciones de amistad; existe una acentuación mayor y más objetiva en la personalidad y en los talentos de los amigos y en cuán interesantes y estimulantes son. Las relaciones de amistad más maduras suponen un alto grado de tolerancia con respecto a las diferencias individuales; a medida que el adolescente comienza a desarrollar un sentido firme de

---

* P. A. Osterrieth, "Adolescence: Some Psychological Aspects", en *Adolescence: Psychological Perspectives*, dir. de G. Caplan y S. Lebovici (Nueva York: Basic Books, 1969), pág. 19.
† Douvan y Adelson, *The Adolescent Experience*, pág. 188.

identidad personal, deviene menos intensamente dependiente de la identificación con los amigos cercanos.

Existen notables diferencias sexuales en los patrones de amistad del adolescente. Las amistades de las muchachas por lo general son más profundas, más interdependientes y suponen contactos más frecuentes; sus relaciones revelan sus mayores necesidades de cariño y su capacidad de mantener relaciones íntimas. Por el contrario, los muchachos ponen relativamente mayor énfasis en los resultados de las amistades, como tener un compañero con el cual se congenia, alguien con el cual se puedan compartir intereses comunes.

Relaciones heterosexuales durante la adolescencia

Durante los años de la escuela secundaria, los muchachos y las muchachas se encuentran en niveles claramente diferentes de madurez biológica y social. Algunas muchachas se interesan en los muchachos, pero sus contemporáneos masculinos por lo general no muestran un interés recíproco. En esta edad, las muchachas están mucho más interesadas por la vida social y el comportamiento heterosexual que los muchachos.

Todo esto cambia durante la edad en que se ingresa al segundo año de secundaria, cuando los muchachos comienzan a igualarse a las muchachas en madurez y en interés por el sexo opuesto. Los intereses de los muchachos y las muchachas ahora comienzan a complementarse mutuamente, y empiezan a dedicarse mayor atención recíproca. Durante el periodo de las relaciones heterosexuales inicales, los adolescentes están todavía muy ocupados en encontrarse a sí mismos, en alcanzar la identidad personal. Todavía se preocupan por ellos mismos y por sus propios problemas y es poco probable que lleguen a estar emocionalmente relacionados con los miembros del sexo opuesto. En consecuencia, frecuentemente existe una cualidad superficial o semejante a un juego respecto de las interacciones heterosexuales. Las actividades heterosexuales de grupo en esta etapa proporcionan oportunidades para aprender formas de relacionarse gradualmente con los compañeros del sexo contrario, en escenarios que tienen la seguridad que presta la presencia de compañeros familiares del mismo sexo.

Gradualmente, con mayor experiencia en las camarillas heterosexuales, con mayor madurez personal y con mayor confianza en sí mismo, las relaciones heterosexuales devienen más maduras. Cuando el adolescente ha alcanzado un sentido más claro de identidad, generalmente a fines de la adolescencia, puede integrar auténticas relaciones con los demás. Estas relaciones se basan no sólo en la atracción sexual sino también en la confianza y en la seguridad compartidas, así como en la preocupación por los intereses y el bienestar de la otra persona.

En comparación con otras culturas, la estadounidense tradicionalmente ha sido muy restrictiva de la expresión sexual entre niños y adolescentes. Sin embargo, las normas de moralidad y comportamiento sexuales parecen estar cambiando con rapidez. Los adolescentes de hoy piensan que se han establecido nuevas normas sexuales, pero no consideran al cambio como una decadencia moral. Más bien conciben sus actitudes y enfoques más honestos y abiertos que los de generaciones anteriores.

La mayor parte de los adolescentes mayores y de los jóvenes consideran aceptables las relaciones sexuales premaritales cuando la pareja está comprometida, son novios o tienen la intención de casarse. En los Estados Unidos, el 80% de los muchachos adolescentes y el 72% de las muchachas adolescentes están de acuerdo con que "es correcto que los jóvenes disfruten del sexo antes de casarse si están mutuamente enamorados". En general, la promiscuidad no se sanciona; de hecho, la gran mayoría de los adolescentes desaprueban las relaciones premaritales entre personas que "se atraen casualmente" o son "buenos amigos". Entre las adolescentes, el 75% afirma que "yo no tendría relaciones sexuales con un muchacho a menos que lo amara". En comparación con los adolescentes de más edad, los más jóvenes son más conservadores y mantienen actitudes menos tolerantes hacia las relaciones sexuales premaritales.

Aunque los adolescentes de hoy hablan más abierta y libremente acerca del sexo que los adolescentes de hace una generación,

> ...hay poca evidencia de una mayor preocupación por el sexo, como parecen creer muchos padres de familia y otros adultos. Ciertamente, bien puede ser que el adolescente promedio de hoy esté menos preocupado e interesado en el sexo que las generaciones anteriores de jóvenes, incluyendo a sus propios padres cuando tenían su misma edad. La mayor aceptación del sexo como una parte natural de la vida muy bien puede conducir a menos preocupación que la inquietud ansiosa en una atmósfera de secreto y supresión. La mayor parte de los adolescentes contemporáneos (el 87%) está de acuerdo con la afirmación de que, "en general, creo que tengo la cabeza muy en su lugar en lo que se refiere al sexo".*

Los cambios en las actitudes de los adolescentes en lo que toca al sexo han sido acompañados por cambios radicales en su comportamien-

---

* J. J. Conger, *Adolescence and Youth* (Nueva York: Harper & Row, editores, 1977), pág. 283.

to sexual. Aunque la incidencia de la masturbación no ha cambiado en forma apreciable en las últimas décadas, existe una mayor objetividad y menos ansiedad y culpa con respecto a la práctica. El porcentaje de adolescentes que tienen relaciones sexuales premaritales ha aumentado en forma significativa en las últimas décadas. Una encuesta de una muestra representativa de adolescentes entre las edades de 13 y 19 años de edad, publicada en 1973, demostró el hecho de que el 44% de los muchachos y el 30% de las muchachas tienen relaciones sexuales antes de llegar a los 16 años de edad; a la edad de 19, las cifras han aumentado al 72% (muchachos) y al 57% (mujeres). Entre los estudiantes de escuela superior, el 82% de los varones y el 56% de las mujeres han tenido relaciones sexuales. En la generación de sus padres, sólo el 3% de las mujeres y el 39% de los varones habían tenido relaciones sexuales antes de los 16 años; menos del 20% de las mujeres y el 72% de los varones tuvieron relaciones sexuales premaritales a la edad de 19 años. Desde luego, éstas son estadísticas generales, y existen grandes diferencias entre los grupos dentro de la población. Por ejemplo, la incidencia de relaciones sexuales entre los estudiantes de escuela superior es la más alta en las universidades de las costas oriental y occidental, así como entre los que asisten a las escuelas superiores privadas y universidades elitistas; la cifra más baja corresponde a los que asisten a las instituciones del medio oeste y las que guardan relación con la iglesia. Los estudiantes liberales desde el punto de vista político tienden a ser más tolerantes con respecto al comportamiento sexual, en tanto que los más conservadores desde ese mismo punto de vista también son más conservadores en sus actitudes y en su comportamiento sexual.

Valores y creencias de los adolescentes

En la actualidad se oye decir con insistencia que los adolescentes y los jóvenes están "en rebelión" y crean una "contracultura". En gran medida, esta opinión es un efecto de los turbulentos años de la década de 1960 cuando:

> ...minorías importantes de jóvenes se desilusionaron cada vez más con una sociedad que consideraban injusta, cruel, violenta, hipócrita, superficial, impersonal, abiertamente competitiva o, en el sentido más amplio del término, inmoral. Ellos reaccionaron ante este estado de cosas en diversas formas: unos se apartaron socialmente; otros comenzaron a realizar esfuerzos vigorosos por instituir un cambio social, esfuerzos que ocupan toda la gama desde la actividad política convencional dentro del sistema hasta la táctica revolucionaria radical.*

* *Ibid.*, pág. 538.

Los adolescentes promedio de la década de 1970 participaron mucho menos en los movimientos sociales y políticos y mantenían valores más tradicionales que sus contrapartes de la década de 1960. En estudios recientes, muy pocos estudiantes se clasifican a sí mismos como "de extrema izquierda" o "de extrema derecha", y la mayoría se denomina a sí misma como "centristas". Las demostraciones en los demás campos de acción política prácticamente han desaparecido y la influencia de los militantes radicales es mucho menos visible. Esto no quiere decir que los estudiantes de escuela superior de la actualidad estén satisfechos con el sistema político de los Estados Unidos. La mayor parte de ellos piensa que como nación necesitan algunas reformas fundamentales de las instituciones sociales, de los partidos políticos y del sistema político, pero no son partidarios de acciones radicales para producir cambios.

Muchos de los valores nuevos que se volvieron prominentes en la cultura de los jóvenes de la década de 1960 —por ejemplo, las actitudes liberales con respecto al sexo, la llamada nueva moralidad— son mantenidos actualmente y, de hecho, son aceptados por números crecientes de jóvenes. En 1969, el 43% de los estudiantes de escuela superior afirmó que "daría la bienvenida a una mayor aceptación de la libertad sexual"; esta cifra aumentó al 56% en 1971 y al 61% en 1973. La tendencia de la década de 1960 a considerar el comportamiento sexual como cuestión de decisión personal, y no sujeta a leyes o a códigos morales socialmente impuestos, también ha ganado impulso. Desde 1969 ha tenido lugar un marcado incremento en el porcentaje de estudiantes que no consideran moralmente erróneas a las prácticas como el aborto, las relaciones entre homosexuales convencidos o el tener hijos fuera del matrimonio. El tener niños se considera cada vez más como cuestión de elección personal, más que como deber con la sociedad o como un valor personal indispensable.

Entre los adolescentes de la década de 1960, los valores que ocuparon los primeros lugares en cuanto a importancia fueron el amor y la bondad, la amistad, la libertad individual, las oportunidades de autoexpresión y autorrealización y el tratar a la gente como personas (en lugar de tratarlos como a negros o blancos, como hombres o mujeres, de clase superior o inferior, heterosexuales u homosexuales, estadounidenses o extranjeros). Estos valores han sido conservados por los adolescentes de la década de 1970, y en muchos casos su importancia ha aumentado.

La mayor parte de la juventud parece tener mayor interés que el que tuvieron sus padres (o el que tuvieron sus padres cuando eran adolescentes) por la discriminación racial y socioeconómica, la conservación del medio ambiente y la necesidad de contar con una mejor educación. En comparación con sus padres, es mucho más probable que los adolescentes perciban la discriminación contra las minorías y que favorezcan una mayor integración escolar y tener a miembros de los grupos minoritarios como vecinos. "En sus actitudes, la mayor parte de los adolescentes parece reflejar flexibilidad, tolerancia y falta de prejuicios tanto como, o más que, un celo de misionero."*

Lo que tal vez resulte más impresionante es el gran interés de los jóvenes por los valores humanitarios y su deseo siempre presente de ayudar a crear un mundo en el cual exista más amistad, amor y bondad verdaderos, mayor libertad individual e igualdad de oportunidades para todos.

> ...en resumen, el adolescente contemporáneo promedio parece estar relativamente más dispuesto que sus predecesores más conscientes de sí mismos de generaciones anteriores a poner en práctica una filosofía de "vivir y dejar vivir" y un idealismo pragmático. En grado mayor que las generaciones anteriores, parece ser un exponente refinado y crítico del arte de lo posible; no ilusionado, pero tampoco desilusionado.†

LA PSICOLOGÍA DEL DESARROLLO Y EL BIENESTAR HUMANO

La mayoría de los psicólogos comparte el interés de la juventud por la condición humana y por el mejoramiento de la sociedad; les gustaría contribuir a la tarea de hacer de este mundo un sitio mejor para vivir. La psicología del desarrollo debiera desempeñar un papel importante en el logro de esta meta. Muchos de los problemas de la sociedad tienen sus raíces en el desarrollo psicológico *de los individuos* y en la socialización temprana. Las investigaciones de los antecedentes psicológicos de los problemas sociales producen información que tiene implicaciones para eliminar o mitigar estos problemas. Por ejemplo, como lo señalamos anteriormente, los psicólogos del desarrollo han descubierto que las deficiencias cognoscitivas de los niños son en gran parte producto de experiencias ambientales muy poco estimulantes en la infancia y en la niñez temprana (véase el capítulo 3). Estos hallazgos resultan muy útiles en la formulación de programas de acciones sociales positivas, específicamente, de programas intensivos para estimular el

---

* *Ibid.*
† *Ibid.*

desarrollo cognoscitivo temprano entre los niños marginados. Algunos de estos programas han demostrado ser sumamente efectivos (véase el capítulo 3).

Como otro ejemplo, consideremos de nuevo los problemas sociales tales como la delincuencia juvenil, que discutimos brevemente en el capítulo 5. Estudios bien diseñados sobre delincuentes y sujetos control que fueron cuidadosamente igualados demuestran que las relaciones entre padre e hijo y el rechazo paterno, el castigo físico y la disciplina errática son fuertes factores antecedentes de la delincuencia juvenil. La mayor parte de los delincuentes se siente rechazada por sus padres, privados, inseguros, celosos de sus hermanos, incómodos por causa de tensiones familiares y mala conducta de los padres y frustrados en sus necesidades de independencia y autoexpresión. Los delincuentes no se identifican fácilmente con sus padres, y en parte por esta razón no pueden adquirir patrones aceptables de comportamiento social. En resumen, su delincuencia puede considerarse como el resultado de determinadas clases de aprendizaje social y de experiencias de socialización que los llevaron a comportarse en formas perjudiciales para su bienestar y felicidad y para la de los demás.

Sin embargo, también aquí los hallazgos de la investigación nos permiten hacer sonar una nota optimista. El comportamiento delictivo, como otros comportamientos desadaptados, no se desarrolla en forma inevitable, y si lo hace no se desarrolla necesariamente en forma fija e inmutable. Como la mayor parte de las demás formas de desajuste, la delincuencia consiste en patrones de respuesta adquiridos —no biológicamente determinados—, y éstos son modificables. Los hallazgos acerca de los antecedentes de los delincuentes en su niñez pueden ser útiles para desarrollar programas psicológicos, de bienestar social y educativos con el fin de ayudar a los padres a establecer mejores relaciones con sus hijos. Al mismo tiempo, los delincuentes (y los delincuentes en potencia) deben recibir ayuda para aprender formas más apropiadas y efectivas de manejar sus problemas personales.

En forma similar, las investigaciones sobre el desarrollo y la modificación del comportamiento sumamente agresivo tienen gran utilidad práctica y social al proporcionar evidencia convincente de que, con relativamente poco adiestramiento, los padres pueden cambiar sus prácticas de crianza infantil de manera que disminuyan los estallidos agresivos de sus hijos. La investigación sobre la formación de grupos entre los adolescentes demostró que la hostilidad y la competencia entre grupos pueden aliviarse al hacer que los miembros de grupos competidores cooperen para alcanzar una meta común. Al aplicar estos resultados, Elliot Aronson creó una situación en la cual los niños llegaron a simpatizarse mutuamente y vieron aminorados sus prejuicios contra sus compañeros de diferentes antecedentes étnicos y raciales. Dividió a varios salones de clase del quinto grado en grupos cooperativos de seis niños y dio a cada grupo una tarea. Cada uno de los seis niños de cada grupo recibió una parte pequeña de dicha tarea; a fin de completar la tarea entera tenían que cooperar, enseñar y aprender recíprocamente. Una lección trataba de la vida del famoso editor Joseph Pulitzer. Se presentó al grupo una biografía en seis párrafos, cada uno de los cuales comprendía un aspecto principal de la vida de Pulitzer (su inmigración a los Estados Unidos, su niñez, su éxito posterior). Cada uno de los niños del grupo se aprendió un párrafo y enseñó su contenido a los demás. Los resultados de estos experimentos fueron notables. Los niños que trabajaron juntos se simpatizaron mutuamente en grado mayor, sus afectos mutuos cortaron de través las líneas étnicas y raciales. Además, informaron que les gustaba más la escuela y aprendieron mejor el material que otros niños de los salones de clase tradicionales en donde los niños compiten entre sí para obtener calificaciones y la aprobación del maestro.

La investigación del comportamiento prosocial

Durante la década pasada, el autor concentró la atención de sus investigaciones en el desarrollo del comportamiento prosocial, en los actos destinados a ayudar o a beneficiar a otra persona o grupo de personas sin la anticipación, por parte del autor, de recompensas externas. Los datos sobre prácticas de crianza infantil que fomentan la generosidad, el altruismo, la simpatía y la consideración de los demás (que revisamos en el capítulo 5), demuestran que el modelamiento y la identificación constituyen procesos críticos que fundamentan el desarrollo de estos comportamientos prosociales. Los padres de niños altruistas, generosos y sumamente considerados son cordiales y cariñosos y, al mismo tiempo, buenos modelos de comportamiento prosocial. Utilizan el razonamiento en su disciplina y mantienen normas elevadas para sus hijos. Las relaciones positivas de largo plazo con modelos altruistas conducen al desarrollo de un comportamiento altruista. Tales hallazgos son aplicables en potencia por muchos agentes diferentes de socialización: padres, educadores, clérigos, comunicadores, etc. Por ejemplo, los padres que desean criar niños con un comportamiento prosocial o aumentar la frecuencia de las actividades prosociales entre sus hijos pueden ser asesorados para que empleen prácticas tradicionalmente apreciadas, incluyendo el modelamiento del comportamiento de ayuda y compartición en forma clara y frecuente; el razonamiento con sus hijos al disciplinarlos; estimular a los niños para que reflexionen acerca de sus propios sentimientos y de los demás, así como sobre las emociones y expectativas propias y ajenas; mantener normas elevadas para los niños y ser explícitos acerca de ellas; y asignar responsabilidades hacia los demás en una etapa temprana.

El modelamiento de actos prosociales por obra de personajes que aparecen en los programas de televisión también ha sido efectiva para elevar el nivel del comportamiento socialmente positivo de los niños. Los niños imitan con rapidez los actos cooperativos, de simpatía, de compartición y de comprensión después de que los han visto representados en la televisión. Puede concluirse que la programación consciente, socialmente responsable, de la televisión puede ayudar a aumentar la incidencia de comportamientos de ayuda y de colaboración entre los niños teleespectadores al presentar más ejemplos de héroes que se comporten en forma prosocial y que, al mismo tiempo, disminuyan las exhibiciones de violencia y agresión.

Estos hallazgos relativos al comportamiento prosocial son importantes por sí mismos pero, lo que es todavía más significativo, los estudios son modelos de la clase de investigación que se necesita con urgencia para comprender cuáles son los determinantes del comportamiento positivo y socialmente deseable. Sin dicha comprensión, no es posible diseñar métodos de facilitar la adquisición y el aumento de tal comportamiento.

La gran promesa de la psicología del desarrollo la constituyen sus contribuciones potenciales al mejoramiento de la condición humana y de las relaciones humanas. Para cumplir esta promesa, los psicólogos del desarrollo deben continuar su investigación de las formas de reducir el comportamiento que acuse una falta de ajuste y el comportamiento socialmente indeseable, como lo es la agresión, la delincuencia y el prejuicio. Pero, además, debemos intensificar y mejorar la investigación relativa a la forma como pueden fomentarse los actos constructivos de índole social. Por fortuna, el movimiento tendente a realizar más investigaciones sobre el comportamiento prosocial gana un ímpetu considerable; en el futuro cercano, no hay duda de que nuestro conocimiento en este campo se ampliará considerablemente.

Índice alfabético

La publicación de esta obra la realizó
Editorial Trillas, S. A. de C. V.

División Administrativa, Av. Río Churubusco 385,
Col. Pedro María Anaya, C.P. 03340, México, D. F.
Tel. 6884233, FAX 6041364

División Comercial, Calz. de la Viga 1132, C. P. 09439
México, D. F. Tel. 6330995, FAX 6330870

Se terminó de imprimir el 28 de febrero de 1995,
en los talleres de Impresora Publimex, S. A.
Se encuadernó en Acabados Editoriales Anfre'd.
Se tiraron 1 200 ejemplares, más sobrantes de reposición.
BM2 100